세계인과 한국인 사이

세계인과 한국인 사이

초판 1쇄 인쇄 | 2008년 3월 5일
초판 1쇄 발행 | 2008년 3월 12일

지은이 | 고철종
펴낸이 | 김선식
펴낸곳 | (주)다산북스

편집인 | 장석희
PD | 최소영
다산라이프 | 최소영, 김기정, 김다우
마케팅본부 | 유민우, 곽유찬, 민혜영, 이도은, 신현숙, 박고운
커뮤니케이션팀 | 우재오, 서선행, 강선애, 한보라, 임경업
저작권팀 | 이정순
디자인본부 | 강창규, 김희림, 손지영, 이동재
경영지원팀 | 방영배, 허미희, 김미현, 이경진, 고지훈
외주스태프 | 교정교열 최창욱, 본문디자인 신현직, 표지디자인 최병미

주소 | 서울시 마포구 염리동 161-7 한청빌딩 6층
전화 | 02-702-1724 (기획편집) 02-703-1723 (마케팅) 02-704-1724 (경영지원)
팩스 | 02-703-2219
전자메일 | dasanbooks@hanmail.net
홈페이지 | www.dasanbooks.com
출판등록 | 2005년 12월23일 제313-2005-00277호

필름출력 | 스크린출력
종이 | 신승지류유통
인쇄 제본 | 주식회사 현문

ISBN 978-89-92555-82-1   03320

세계에서 통하는 상식과 안목을 키우는 고품격 한국인 연습노트

세계인과 한국인 사이

고철종 지음

다산라이프

한국인을 넘어 세계를 준비하라

얼마 전 큰아이가 "우리나라가 선진국이냐"고 물었다. 경제부 기자를 오래 한 덕에 통계수치로 세계 속의 우리나라를 설명하는 데는 익숙하지만, "우리가 선진국이냐 아니냐"에 대한 물음에는 항상 자신 있는 답변을 하기가 어렵다.

그 이유는 여러 가지다. 우선 40대 이상의 연령층만 하더라도 항상 '개발도상국 한국'에서 성장했고, 또한 끊임없이 '선진국 닮기'를 강요받았기에 우리가 스스로 선진국임을 인정하는 게 왠지 낯설고 두렵게 느껴진다. 다시 말해 장년층 이상에게 선진국은 희망하는 목표라고 생각하는 것이 오히려 편하고, 이미 실현한 목표라고 생각하면 괜히 불편하다.

이런 관념적인 이유 외에 더 큰 이유가 있다. 우리가 억만장자가 즐

비한 중동국가들을 선진국이라고 생각하지 않는 것과 같은 맥락이다. 그들은 돈이 많지만 품격이 모자라기에 일류국가로 보지 않는다. 우리가 스스로 선진국, 선진시민으로 부르기를 주저하는 것도 바로 품격이 어중간하기 때문이다.

많은 부모가 아이들에게 "우리나라는 선진국이야"라든지 "아직은 멀었단다"라고 이야기하면서도 구체적으로 대한민국의 현재 모습을 정의하지 못한다. 잘 모르기 때문이다. 아이들의 꿈은 대한민국의 미래다. 그 꿈을 좋은 곳으로 인도하려면 부모가 먼저 알아야 한다. 나는 이 책에서 현재 대한민국이 지닌 갖가지 문제점을 '과잉'이라는 공통된 이름으로 규명했다. 이 과잉의 모습 뒤에 감춰진 한국의 맨몸에서 치료할 곳과 키워야 할 근육을 찾아야 한다.

선진국과 선진시민은 경제력과 함께 품격을 갖춰야 한다. 선진국에 걸맞은 매너와 문화, 그리고 이념을 가져야 하는 것이다. 어느덧 광복 60주년이 다가왔다. 사람 나이로 환갑에 가까운 60년 동안 전 세계에서 가장 많은 변혁을 겪은 나라가 바로 대한민국이다. 이제 개인과 사회가 모두 대한민국의 실체를 다시 한 번 돌아봐야 할 때가 되었다.

이 책에서 갖가지 사례를 통해 우리 사회를 살펴보고 우리가 가야 할 바람직한 방향을 모색하고자 했다. 먼저 우리가 의외로 잘 모르는 우리의 객관적 모습을 진단해 보았다. 다음으로 우리 국민과 '세계인'으로 대변되는 선진시민의 차이, 그리고 선진국의 문턱에 서 있는 한국과 명실상부한 선진국의 차이를 따져보고 그 간극을 메우기 위한 방안을 찾아보았다. 마지막으로 시장경제 하에서 불가피하게 발생하는 양극화 문제를 해결할 '공생의 이념'을 생각해 보았다.

　이 책은 완벽하지 않다. 어떤 문제에 대한 의견의 차이도 클 것이다. 우리가 지향하는 선진국의 완벽한 모델은 없다. 시행착오를 통해 스스로 다듬어가는 진행형의 선진국만 존재한다. 이 책은 다만 현존하는 일류국가들이 가진 공통분모를 살펴봄으로써 우리가 나아갈 방향을 찾고자 했다.

　모자란 내용이지만, 이 책이 지피지기知彼知己를 통해 품격을 높이고 진정한 일류가 되려는 부모와 자녀들에게 작은 보탬이 되기를 진심으로 바란다.

| 차 례 |

프롤로그 _ 한국인을 넘어 세계를 준비하라 · 004

PART I
과잉의 늪에서 벗어나라

1. 나라 밖에서 한국을 보는 눈은 다르다 · 015

한류 현상을 뜯어보면 자기평가의 거품이 보인다 | 세계 문물 전시관에 한국관이 없다 |
'동방의 등불'은 몰라도 '동방의 핵'은 안다 | 해외 동포는 '달라진 한국'이 거북하다

2. 절제의 미가 부족한 극과 극의 한국인 · 030

한국인은 성질 급한 생선? | 절제 없는 감정은 사태를 왜곡한다 |
열등감은 성과 없는 공격으로 이어진다

3. 점점 더 강한 것을 찾다 · 045

경계하라! 한국 시위대는 세계 최강이다 | 과격성과 엽기가 익숙하고 편안하다? |
떼쓰면 통한다?

4. 평등을 외치지만 사실은 궁핍해진 생활 · 052

내 눈 앞에서 남의 자식 잘되는 꼴 못 본다 | 평등에의 집착이 시기심을 부른다 |
과장된 양극화를 부추기는 정치

5. 네가 하면 나도 한다 · 066

다른 의견은 있을 수 없다 | 누 떼의 행진 같은 아이비리그 열풍

PART II
세계에서 통하는 고품격 한국인의 조건

1. 세계인의 기준을 지켜라 · 077

진돗개는 공중도덕을 안 지킨다? | 1퍼센트의 엘리트 한국인도 품격이 모자란다 |
더치페이가 더 인간적이다 | 다인종, 다문화의 나라 한국 | 의리 없는 한국인

2. 고품격 한국인의 조건 ① 부자를 인정하라 · 096

부자는 죄인이 아니다 | 부자가 돈을 써야 서민들도 돈을 번다 |
선진국은 돈 쓰는 데 자유롭다 | 서민을 앞세운 정책에 실속은 없다

3. 고품격 한국인의 조건 ② 영웅을 인정하라 · 127

영웅이 있어야 꿈꿀 수 있다 | 특정 분야에 도통한 사람이 영웅 | 완벽한 영웅은 없다

4. 고품격 한국인의 조건 ③ 실사구시를 지향하라 · 133

실속을 따질 것인가, 체면을 챙길 것인가 | 차라리 경제학 전공한 신부님을 뽑아라 |
불이 나면 비싼 생수라도 불끄는 데 써야 한다 | 원칙에도 유연성이 있어야 한다 |
명분보다는 실속을 따지는 법을 만들어라

5. 고품격 한국인의 조건 ④ 정정당당하게 겨뤄라 · 151

좋은 설비는 도입하지 말라? | 값싸고 질좋은 물건에 대한 허상 |
양심을 속이는 국산도 있다

6. **고품격 한국인의 조건 ⑤** 국수주의를 벗어나라 · 156

'금수강산이 세계 최고'는 객관적 사실인가 | 신토불이의 함정에서 벗어나라 |
100퍼센트 국산화의 오류 | '주변국'의 피해의식에서 탈출하라

7. **고품격 한국인의 조건 ⑥** 중심국 마인드를 가져라 · 170

샌드위치 기회론 | 부담스러운 침략국 일본, 만만한 한국 |
중심국 마인드를 가져야 틈새가 보인다

8. **고품격 한국인의 조건 ⑦** 디테일에 강해야 한다 · 178

작은 차이가 일류를 가른다 | 삼성전자가 일본에서 철수한 이유

9. **고품격 한국인의 조건 ⑧** 속도를 조절하라 · 186

디지털 특성에 맞는 민족성 | 속도에 분석력과 창조성을 더하라 |

10. **고품격 한국인의 조건 ⑨** 노후는 내가 준비한다 · 193

실버타운 입지를 따질 정도의 빠른 고령화 | 한국의 노령화, 막을 수 있다 |
노후대비는 스스로 해야 한다

11. **고품격 한국인의 조건 ⑩** 미래를 창조하라 · 201

미래는 스스로 만들어내는 자의 것이다 | 모험 없는 발전은 없다 |
기꺼이 책임지는 리더와 안목을 갖춘 국민

12. 완벽한 선진국은 없다 · 212

사람 사는 곳은 다 똑같다 | 완벽에 대한 환상이 과잉을 낳는다 |
자만하지 않되 자존심을 살리는 국가 홍보

PART Ⅲ
불사조의 나라

1. 역경이 빚어낸 강한 한국인 · 227

혹독한 고난은 사람도 단단하게 한다 | 타의 추종을 불허하는 한국인의 학습력

2. 두 이념이 가져온 한민족의 두 얼굴 · 232

리비아의 기적을 일궈내다 | 북한 노동자와 조선족 · 고려인의 차이 |
건강한 이념 경쟁이 가능한 나라

3. 베푸는 문화 속에 숨어 있는 공생의 이념 · 239

양극화 해소는 공생 문화로 해결한다 | 기부와 봉사를 생활화한다 |
단합의 힘으로 '베푸는 문화' 만들기

에필로그 _ 공정하게 경쟁하고 보상받는 나라를 물려주자 · 246

Buta
Kisa
bundi
R
Kindu
Kasongo
Kongolo
Kabal
da Kanda
mina
Bukama
olwezi
Lubumb
ZAM
Lus
Pem
Kalomo
Maramba
ZI
Salt Pan
Francisto
SWA
Serowe
alahari
Desert
orone
feking
Pret
ohannesb
urg
on
tley
nfontein
M

PART
I

괴잉의
늪에서
벗어나라

문을 열며

'지피지기면 백전불태 知彼知己 百戰不殆' 란 말이 있다. 만약 욕심내지 않고 지피 知彼나 지기 知己를 반씩만 한다면 위태로움을 피하고 100전 50승을 달성할 수 있을까? 아마 어려울 것이다. 상대를 몰라도 지고 나를 몰라도 경쟁에서 이길 수 없다. 그런데 우리는 상대를 분석하는 데는 능숙하면서도 정작 자신을 잘 모르는 경우가 많다. 자신을 극단적으로 과대평가하거나 과소평가하는 것이다.

특히 우리는 자신을 과대평가하는 데 관대하다. 미국, 중국, 일본을 만만한 상대로, 시쳇말로 '맞짱 뜰 수 있는 나라'로 생각하고 호령하는 유일한 국가다. 그렇다고 세계가 우리를 미국이나 일본과 같은 초강대국으로 인정하지는 않는다.

'과잉'이 한국과 한국인을 지배한다. 자기평가와 감정, 표현, 평등, 쏠림 등의 측면에서 우리는 과잉으로 포장되어 있다. 과잉은 지기 知己를 가로막는다. 나를 정확히 모르면 개선의 방향을 잡을 수 없다. 과잉의 거품을 제거해야 부족한 부분이 보인다.

우리를 둘러싸고 있는 과잉의 실체를 살펴보고, 그를 통해 지기 知己의 지혜를 얻고자 한다.

나라 밖에서 한국을 보는 눈은 다르다

한류 현상을 뜯어보면 자기평가의 거품이 보인다

외국에 가보면 삼성의 휴대폰이나 LG의 LCD, 현대자동차와 함께 민족적 자긍심을 느끼게 하는 것 중에 하나가 바로 한류 열풍이다. 비록 최근 들어 관련 콘텐츠의 부족과 마케팅 역량 부족으로 한계가 많이 지적되고 있지만, 그래도 아직 그 열기는 대단하다.

한류 열풍은 중국과 일본, 동남아를 강타하더니 최근에는 멕시코 등 남미 국가와 이집트를 비롯한 아랍권까지 확산되는 분위기다. 최근에 중국에서 1년간 연수를 하고 돌아온 한 지인이 가수 비와 함께 찍은 사진 덕분에 연수 기간 내내 대학 내 최고의 인기 인물로 화려하게 지냈다며 자랑한 적이 있었다. 우리가 막연히 생각하는 한류의 열기는 생각보다 훨씬 뜨겁다는 게 겪은 사람들의 이야기다.

이런 얘기를 들으면 세계 면적의 0.07퍼센트, 세계 인구의 0.7퍼센트밖에 되지 않는 작은 나라 대한민국이 문화로는 세계를 호령하고 있다는 생각까지 든다. 그러나 조금만 냉정히 생각해 보면 '문화 강대국 한국'은 자기평가의 과잉과 우리 언론의 냄비근성이 만들어낸 착시현상일 수 있다.

한류가 붐을 일으킨 것은 어떻게 보면 때가 잘 맞았기 때문이다. 우리가 적당한 가격으로 드라마와 같은 콘텐츠를 잘 만들었을 때, 주변에 있는 나라에서 적당한 가격의 쓸 만한 콘텐츠를 필요로 하는 수요가 발생한 것이다.

우리나라의 대중문화 상품은 1990년대 들어 경쟁력을 갖추기 시작했다. 드라마, 영화, 대중음악 할 것 없이 서양문화를 우리 문화와 적절하게 배합한 매력적인 상품들이 쏟아져나온 것이다. 이런 상품들은 아시아권은 물론이거니와, 비아시아권에서도 거부감이 없을뿐더러 작품성도 갖췄기 때문에 상품 가치를 높았던 것이다.

이 와중에 아시아 개도국들 사이에서 미디어 산업이 폭발적으로 성장했다. 공중파뿐만 아니라 케이블TV, 위성방송이 우후죽순처럼 생겨나면서 프로그램 수요가 폭증했다. 수요만큼 공급이 따라주지 못하자

괜찮은 가격과 수준 있는 품질의 콘텐츠를 외국에서 찾게 되었다.

이런 욕구에 꼭 맞는 상품이 바로 한국에서 만든 제작물이었다. 미국이나 유럽의 콘텐츠는 비싼데다 문화적 이질감이 강하고, 일본의 경우는 가격도 가격이지만 무엇보다 제2차 세계대전의 앙금이 수용자에게 거부감을 줄 수 있기 때문에 선택이 힘들었다. 반면, 한국 제품은 가격이 적당하고 품질이 좋으면서도 정서적 거부감까지 없기 때문에 수요에 꼭 맞는 제품이 된 것이다.

결론적으로 한류는 한국 문화의 탁월성에 따른 산물이라기보다는 시장 상황의 결과물이라는 해석이 더 적절하다. 우리가 문화적 우월성의 토대에서 중국과 일본에 한류를 이야기한다면 그들은 크게 반발할 것이다.

미국 연수 시절, 중국 연수생들과 한류에 대해 이야기한 적이 있다. 중국인에게 한류는 서구 문화를 거부감 없이 포장한 유행상품일 뿐 큰 문화적 의미가 없다고 했다. 그것뿐이 아니었다. 그들은 조심스럽지만 단호하게 한국 문화가 사실상 중국 문화에 바탕을 둔다는 문화적 우월감을 드러내기도 했다.

일본도 마찬가지다. 일본인은 한국 문화의 독자성을 인정하지 않으려 한다. 그들은 대역사학자인 토인비Arnold Toynbee가 주장한 것처럼 극동에서 고유한 문화를 지닌 나라는 중국과 일본밖에 없다고 생각한다. 한국은 중국 문화의 한 지류 정도로 여기는 것이다. 여기에 우리가 한류를 자랑스럽게 여기는 것과는 전혀 동떨어진 사고의 간극이 있다.

한류도 거품이 될 수 있다

최근 동남아와 중국을 중심으로 반한류反韓流 분위기가 조금씩 힘을 얻고 있다. 일본에서는 벌써부터 혐한류嫌韓流 바람이 불고 있다. 이것은 예전에 우리가 미국 영화나 드라마를 보면서 우려하던 문화제국주의를 그들이 느끼고 있기 때문이다. 한류에 대한 열광으로 자칫 자신들의 정체성을 잃을 수 있다는 걱정이 생긴 것이다.

또 다른 이유는 시장 논리다. 한류상품의 가격이 지나치게 높아졌다. 한국에서도 스타의 몸값이 미국이나 일본처럼 천정부지로 치솟으면서 제작비가 크게 올랐다. 제조원가가 비싸니 수출단가도 올릴 수밖에 없는 상황이 된 것이다. 아무리 콘텐츠가 마음에 들어도 가격이 너무 비싸면 수지가 맞지 않는다. 동남아는 물론이고 일본마저도 몇 년 새 두세 배로 오른 한류상품을 수입하기보다는 자체적으로 제작하는 편이 낫겠다고 생각한 것이다.

한류가 뛰어난 문화적 기반과 탁월한 경쟁력 속에서 탄생했다면, 가격이 비싸더라도 한류는 계속될 것이다. 그러나 다른 변수가 더 크기 때문에 우리의 기대나 자부심과 달리 한류 열기는 시장 논리에 의해 순식간에 꺼질 수 있다.

세계 문물 전시관에 한국관이 없다

미국 땅에서 한국 가수가 공연을 펼칠 때면 우리는 마치 미국 전체가 열광하는 듯한 느낌을 받는다. 언론이 하도 분위기를 띄우기 때문이다. 어쨌든 방송과 신문에서 연일 대문짝만하게 나오는 한국 가수의 공연소식은 가슴 뿌듯한 일이 아닐 수 없다.

그러나 그것은 대개 편집의 묘미다. 공연장 주변 교통이 마비되었다는 소식은 알고 보면 주변 야구장을 찾는 관객이 많기 때문일 때가 있다. 공연장 안에서 백인과 흑인이 열광하는 모습도 사실은 겨우 찾아낸 미국 사람들을 카메라가 집중적으로 찍었기 때문이다. 서구권은 한류에 대한 반응이 아직 잠잠하다. 마찬가지로 한국 문화에 대한 인식도 여명에 불과하다.

미국 플로리다 주 올랜도에 가면 영국 BBC가 죽기 전에 꼭 봐야 할 명소로 꼽은 디즈니월드가 있다. 엄청난 규모와 다양한 콘텐츠들은 가히 상상을 초월한다. 여기에 4개의 테마공원이 있는데 그중 하나로 에프콧EPCOT (Experimental Prototype Community of Tommorrow의 이니셜. 미래사회를 주제로 구성된 테마파크)이란 곳이 있다. 네 군데 공원에서 밤에는 각각 불꽃축제가 벌어지는데, EPCOT는 그중 가장 화려한 불꽃놀이로 유명한 곳이다. 또 그곳에는 세계 곳곳의 문물을 소개하는 전시관이 있다. 그러나 그곳에 한국관은 없다. 세계 각국에서 연간 3천만 명의 관광객이 방문하고 그중 상당수가 한국인이지만, 한국인은 그곳에서 자존심이 무척 상한다.

한국관이 있다 해도 자존심 상하게 되는 곳도 있다. 뉴욕의 명소 메트로폴리탄 박물관이다. 거기에는 다행스럽게도 한국관이 있지만 너무나 초라한 모습에 오히려 자존심이 상한다. 거대한 중국관 옆에 셋방

살이 방처럼 놓여 있는 옹색한 공간에는 자기 몇 점과 민화가 모습을 보이고 있다. 메트로폴리탄 박물관의 엄청난 규모에 질린 한국 사람들은 한국관의 초라한 모습에 또 한 번 질리고 만다.

한국의 국력은 분명 세계 10위권이라지만 한국 문화는 아직 그에 걸맞은 위치를 차지하지 못했다. 인정하기 싫어도 메트로폴리탄 박물관의 한국관 크기가 세계인이 느끼는 한국 문화의 크기인 것이다.

CNN이 가수 비를 세계적 아티스트로 인정하면서 인터뷰를 하고 국내 언론은 그 소식을 대대적으로 보도하며 띄우지만, 비가 공연하는 날 뉴욕은 조용하다. 공연장에서 열광하는 관객들도 대부분 한국인이거나 동양계이며 미국인은 소수에 불과하다.

문화적 자긍심은 소중한 것이다. 그러나 그것을 세계 속에 일반화하는 것은 힘들다. 우리가 아무리 용을 써도 세계가 인정하지 않으면 아무 의미가 없다. 외국에 나가 보면 우리의 소중한 문화는 아직 안개 속에 가려져 있다는 걸 느끼게 된다. 이는 지수로도 나타난다. 상공회의소 분석에 따르면 지난 2004년 기준으로 미국의 문화산업이 세계시장에서 차지하는 규모가 42퍼센트에 이르고 일본이 7.3퍼센트, 중국도 3.7퍼센트에 달하는 반면, 우리나라는 1.6퍼센트에 불과했다.

'동방의 등불'은 몰라도 '동방의 핵'은 안다

인도가 낳은 세계적인 시인 타고르Tagore가 한국에 선물한 '동방의 등불'이라는 시가 있다. 내용 중에 우리에게 가장 친숙한 부분은 "일찍

이 아시아의 황금기에 빛나던 등불의 하나인 코리아, 그 등불 다시 켜지는 날 너는 동방의 밝은 빛이 되리라"라는 부분이다. 이 시는 일제에 신음하던 한국인에게, 같은 식민지 상태에 있던 인도의 시인이 동병상련의 마음으로 보내준 격려의 메시지였다. 언젠가 함께 나라를 되찾고 주권을 가진 국민으로 살아가자는 의미였을 것이다.

아련한 기억으로는 청소년기에 이 "동방의 등불"이란 표현을 읽고 매우 가슴 뿌듯했다. 한국이 동방의 빛이 아니라 세계의 주인이 될 것 같은 기대감에 가슴이 설레기도 했다. 그 예언처럼 한국은 마침내 식민지에서 벗어나 전쟁과 혁명을 겪었고 국가 부도 사태까지 극복하고 경제, 국방, 잠재력 등의 종합적인 평가에서 세계 10위권의 강국이 되었다.

자랑스러운 일이 아닐 수 없다. 더불어 외부의 평가도 그랬으면 더할 나위 없을 것이다. 그러나 우리의 실제 힘을 알아주는 이들은 많지 않다. 어떻게 보면 너무 빨리 컸기 때문일 수도 있고 우리의 국가 홍보력이 미약했기 때문일 수도 있다.

최근 세계 뉴스에는 '사우스 코리아South Korea' 보다 '노스 코리아North Korea'의 기사가 더 많이 소개된다. 세계 유일의 제왕적 독재국가이자 핵개발로 미국과 '맞짱 뜨려' 하는 당돌한 테러국가로 위세를 떨치고 있다. 그러다 보니 '코리아' 라고 하면 핵을 떠올리는 세계인이 많다. 미국 연수 시절을 돌이켜 보아도, 상당수 미국인들은 남북한의 개념이 별로 없어 코리아를 이야기할 때면 핵개발을 떠올리는 경우가 많았다. 좀 과장해서 말하면 '동방의 빛' 을 아는 사람은 적고 '동방의 핵核' 이

코리아의 이미지로 굳어지고 있다.

"노스 코리아에서 오셨군요"

북한에 대한 미국의 호들갑은 눈 뜨고 못 볼 지경이다. 가진 것이 많은 부자가 잃을 것에 대한 걱정이 더 많은 것처럼, 상대가 안 되는 국가가 아직 개발도 못한 초장거리 핵무기로 미국 본토를 공격할 것이란 미국의 염려는 제삼자가 볼 때는 코미디 같다는 느낌도 든다. 어쨌든 핵개발 소식과 북한 특유의 공갈 덕분에 '노스 코리아'는 미국에서 가장 유명한 국가 중 하나가 되었다.

라이트 형제가 첫 비행을 했던 미국 동부의 아우터뱅크라는 해안 지대를 가족과 함께 방문했을 때의 이야기다. 안내소에서 필요한 책자를 구한 뒤 나오려는데, 미국인 할머니가 환하게 웃으며 "일본에서 오셨어요?"라고 물었다. 안내소 직원이었던 그녀는 눈에 띄는 동양인에게 좀더 좋은 정보를 주려고 한 것 같다. 미국인은 대개 옷차림새가 반듯한 동양인을 일본인으로 보는 경향이 있다. 나는 스스로 '제법 깔끔한 차림새를 했구나'라고 생각하고 "일본이 아니라 코리아에서 왔습니다"라고 대답했다.

그녀는 순간 당황하더니 이내 평안을 되찾고는 "정말 멀리서 오셨네요" 하면서 좋은 시간 보내길 바란다고 했다. 그러더니 "미국이 세계를 지배하려 하는 것은 잘못된 일이며 핵개발을 할 수밖에 없는 당신들을 이해합니다"라고 말했다. 나는 할머니가 남한과 북한을 혼동하고 있구나 생각하고 노스 코리아가 아니라 사우스 코리아에서 왔다고 말했다.

그런데 할머니는 이번엔 더욱 당황하는 모습을 보였다. 할머니는 사우스 코리아를 몰랐던 것이다. 그러고는 겸연쩍은 듯 말을 이었다.

"고등학교를 졸업한 지 하도 오래라 새로 생긴 나라가 많은 것을 몰랐어요. 사우스 코리아는 북한의 남쪽에 있는 나라인 모양이죠?"

이런 일은 미국에서 가끔 겪는다. 우리나라 사람들은 자부심이 참 강한 편이다. 그러다 보니 스스로 평가하는 것만큼 외국인도 우리를 알아주기를 바라는 경향도 강하다. 한국이 많이 알려졌지만, 우리 기대에는 못 미치는 경우가 이처럼 많다.

심형래 감독의 작품 〈디−워D-War〉가 미국에서 한국 영화의 위상을 높였다고 하지만, 미국에서 이 영화를 본 사람을 찾기는 해변에서 바늘 찾기보다 힘들다. 우리는 삼성과 LG가 한국 기업이란 사실에 자랑스러워하지만, 미국인은 대부분 이 기업들을 일본 회사로 생각하고 있다.

미국에서 회계사가 되어 성공한 친구가 있다. 그에게 미국인이 느끼는 한국에 대해서 이야기해 달라고 하자 그는 이렇게 말했다.

"내가 만난 상당수의 미국인은 한국이 고유의 언어와 문자를 가지고 있다는 사실에 놀라워 해. 또 우리가 중국이나 일본과는 다른 독립 국가로서 5천 년의 역사를 가지고 있다고 하면 과장된 표현이라고 생각하는 미국인도 어렵지 않게 만날 수 있어."

많은 미국인이 한국과 북한을 혼동하고 누가 적인지 동지인지도 잘 구별하지 못한다. 그 친구는 또 한국을 대하는 미국 언론의 태도도 그다지 우호적이지 않다고 부언했다.

"간혹 한국을 보도할 때 클립 화면으로 한국의 재래시장이나 도시의 슬럼지역을 보여줄 때가 많아. 정작 한국의 발전된 모습이나 긍정적인 모습은 애써 외면하는 흔적이 보인다는 거지."

이런 인식은 유럽을 가도 비슷하고 심지어 지리적으로 가장 가까운 일본에서도 느끼는 것들이다. 가끔 편의대로 쓰긴 하지만 '세계 10위권 경제대국'이라는 자부심이 여지없이 깨지는 순간이다.

우물 안 자존심

우리 국민들은 참 자존심이 강한 민족이다. 어떻게 보면 세계에서 가장 자존심이 강하다고 해도 과언이 아닐 것이다. 그 이유는 여러 가지가 있겠지만 문제는 이 자존심이 세계무대에서는 통하지 않는다는 점이다. 가혹하게 말하면 '우물 안 자존심'인 셈이다.

미국 연수 중 듀크대학교 정치학과의 한 특강에서 교수에게 "미국이 한국을 얼마나 알고 있습니까?"라는 다소 포괄적인 내용의 질문을 한 적이 있다. 그 교수는 이렇게 말했다.

"조사 대상에 따라 결과가 아주 다를 테니 일반화된 답변은 유보합니다. 그러나 미 의회 보좌관들 중 20퍼센트 정도만이 한국의 지도자가 누군지 알 것입니다."

미국 대통령의 일거수일투족을 거의 매일 뉴스에서 접하는 우리로서는, 그래도 미국인의 절반 정도는 한국의 대통령이 누구인지 알아줬으면 좋으련만 사정은 전혀 아니다. 일반인보다 훨씬 세계정세에 밝다고 여겨지는 의회 보좌관들마저 열에 여덟이 한국의 지도자를 모르는 것이다.

미국에서 남한, 즉 한국에 대한 인지는 아우터뱅크의 할머니가 가진 인식의 정도와 별반 차이가 없다. 전쟁을 겪은 분단국가이며, 중국이나 러시아와의 힘의 균형을 위해 전략적으로 필요한 소국이란 정도다. 명분 없는 이라크 전쟁에 미국의 눈치를 보며 파견된 수많은 나라의 군대 중 한국군이 미군 다음으로 가장 많지만, 섭섭하게도 이라크에 한국군이 파견되었다는 것을 아는 미국인은 거의 없다.

언젠가 한 미국 정치인이 "미국에게 한국의 비중은 일본의 10분의 1 정도"라고 냉정하게 평가한 것을 본 적이 있다. 미국 정치인들에게 한국은 적당히 필요한 작은 동맹국에 불과한 셈이다.

해외동포는 '달라진 한국'이 거북하다

북한 핵실험 파문이 터지고 반기문 외교통상부 장관이 신임 UN사무총장에 취임할 즈음 뉴욕에 취재 지원을 간 적이 있다. 뉴욕 지리에 어두워 한인이 운영하는 콜택시를 탔다. 콜택시 기사는 1970년대에 온 가족과 함께 미국으로 이민 온 50대 남자였다. 공항에서 사무실까지 이동하는 50여 분 동안 그와 많은 이야기를 나눴다. 그런데 이야기를 하는 내내 자존심이 상하고 불쾌했다. 미국에 온 지 얼마 안 된다고 하자 그는 뉴욕 자랑을 늘어놓기 시작했다.

"그 갑갑한 데서 어떻게 사셨어요? 여기는 스케일이 달라요. 여기 살아보면 다른 데서 못 살죠. 작년에 서울에 한 번 갔는데, 공기도 나쁘고 얼마나 불편한지 한 2주 지내는데 지옥 같더라고요."

흔히 생각하는 시나리오는 고국에서 온 손님에게 교포들이 한국의 발전상에 감격하며 찬사를 보내는 것이리라. 그러나 첫 만남에서 쓴소리를 내뱉는 '잘난' 교포 택시기사의 목소리는 무척 언짢았다. 그래서 작은 반격을 가했다.

"제가 볼 때는 뉴욕이나 서울이나 별 차이가 없는데요. 저도 뉴욕을 대여섯 번 방문했고 여기 사는 친구들도 많은데, 뉴욕이 세계 제1의 도시이고 인구나 규모도 서울보다 크지만 사람 사는 모습은 비슷한 것 같습니다."

실수였다. 차라리 그냥 듣고 있는 편이 좋았는데. 말이 끝나기 무섭게 택시기사는 정치, 경제, 사회, 문화 전반에서 지극히 주관적인 판단 아래 한국의 열등성을 나열하기 시작했다. 객관적인 증거로 반박해도 소용없었다. 실제로 그는 인터넷을 통해 한국의 실정을 속속들이 알고 있었다. 그러나 묘하게도 많은 정보를 해석하는 방법이 한마디로 왜곡되어 있었다.

급기야 그는 한국은 아예 인종을 개량해야 된다고 했다. 한국 남성이 백인 여성과 결혼하기는 틀렸으니, 한국 여성을 모조리 백인 남성과 결혼시켜서 우수한 인종을 다시 만들어야 한다는 말이었다. 어이없는 사설에, "그러면 한국인과 한국은 어떻게 되는 거죠? 차라리 한국을 미국의 한 주로 편입하는 게 낫겠네요"라고 했더니 아무 말이 없었다.

내리면서 택시비와 별도로 5달러의 팁을 건넸다. 관례상 그런 것이었지, 팁을 주고 싶은 마음은 전혀 없었다. 그는 공손히 인사를 하더니 다음에도 꼭 한국인이 운영하는 택시를 이용해 달라면서 명함을 건넸다. 한국인을 폄하하면서도 한국인 방문객에 의존해 살아가는 택시기사의 이중적인 모습은 오랫동안 피로감을 자아냈다.

이런 성향은 한국이 예전보다 크게 발전하면서 상대적으로 기득권이 약해진 교포들이 발산하는 박탈감의 표현이라고 해석할 수도 있다. 그러나 어쨌든 외국에서 한국을 가장 잘 안다는 교포들도 달라진 한국을 정확하게 이해하지 못하고 있는 경우가 많다.

실제로 외국에서 제법 성공한 교포들이나 그들의 자녀들은 한국에 대해 우월적 의식을 가진 경우가 많다. IMF 사태 이후 밀물처럼 들어온 외국자본은 그 선봉에 외국 국적, 특히 미국 국적을 가진 한국인을 내세우는 경우가 많았다. 한국말을 어느 정도 할 수 있고, 한국의 정서와 문화를 좀더 잘 이해할 거라는 판단에서였다.

그러나 그들의 눈에 한국은 '고향' 또는 '모국'이라는 애정의 대상이 아니라 열등한 사회·경제 체제를 가진 '후진국'이었고, 그 저급한 후진성을 벗겨내고 인도하는 일이 그들이 인식하는 과제였다. 그들은 모국을 기꺼이 도와줄 동포가 아니라 점령군의 선봉대였다.

이는 마치 피천득 선생의 유명한 수필 〈인연〉에 나오는, 만나지 않았으면 좋았을 세 번째 만남에서 확인한 아사코의 거만한 남편과 비슷하다. 그 남편은 제2차 세계대전 패전국인 일본에 점령군으로 들어온 미국 국적의 일본인이었다. 그는 일본인이었지만 일본인에게 동포애를 가진 게 아니라 점령군의 오만함을 가진 것으로 그려진다.

미국 국적의 한국인 금융 전문가들은, 미국에는 있지만 한국에는 없는 별것 아닌 금융 시스템을 선진 금융기법이라며 들여와 금융 및 기업 구조조정에 활용하면서, 한국의 수많은 대기업과 금융기관을 제멋대로 주무르며 점령군의 기쁨을 맛보았을 것이다. 그리고 어느 틈엔가 한국은 스스로 그 같은 시스템을 활용할 능력을 갖췄지만, 그들의 눈에는 여전히 만만한 상대였을 것이다. 그런 판단 아래 수많은 한인 교포 컨설턴트나 금융 전문가들이 한국 시장에 들어왔다. 그 중 한 명이 17대 대선 정국에서 파란을 일으킨 BBK사건의 주역 김경준 씨다.

김 씨의 행적을 보면 한국을 참으로 만만하게 봤다는 것을 알 수 있다. 벤처기업을 만들어 한몫 챙기려는 과정에서 편법과 탈법을 일삼았으며, 그게 잘 안 되자 5천여 명의 한국인 투자자들의 돈을 빼돌린 뒤 미국으로 도망쳤다. 그러고는 미국에서 체포되어 수감생활을 하다 다시 한국 검찰을 만만히 보고 한국에서 수사를 받겠다며 위조서류를 갖고 귀국해 검찰과 국민을 우롱하려 한 것이다. 수많은 음모론과 시나리오가 있지만, 이런 김 씨의 행각 저변에는 한국의 모든 체계를 만만하게 생각하는 심리가 깔려 있다.

전부는 아니지만, 외국에서 성공했다는 일부 한국인의 심성에도 비슷한 감정이 바닥에 있음을 부인할 수 없다. 교포들이 이럴진대 우리와 유전자가 다른 외국인이 당연히 한국을 알아줄 것이라고 생각하는 것은, 어떻게 보면 지나친 기대다.

절제의 미가 부족한 극과 극의 한국인

한국인은 성질 급한 생선?

언젠가 한국에 와 있는 유럽 외교관에게 한국의 인상이 어떠냐고 물은 적이 있다. 그는 잠시 생각하더니 대뜸 "한국 사람들이 무섭다"고 했다. 왜 그러냐고 물었더니 "한국 사람들은 어떤 일을 하다가 잘 안되면 자살해 버린다"면서 한국 사람들을 '성질 급한 생선'에 비유했다. 우호적인 대답을 기대했는데 성질 급한 생선이란 이야기까지 듣자 다소 불쾌했지만 틀린 말은 아니라는 생각이 들었다.

외국인의 눈에는 한국인은 '과격한 민족'이란 이미지가 강한 듯하다. 실제로 OECD 통계를 보면 한국은 10여 년째 자살률 1위라는 불명예를 지키고 있다. 명분을 위해서도 잘 죽고, 성질이 나도 잘 죽는다. 어떻게 보면 이판사판의 문화를 가진 민족이다. 그리고 이런 성향은 국내에서만 보이는 게 아니라 외국에 나가서도 나타난다.

지나치게 감성적인 한국인의 특징에 대해 얼굴연구소의 조용진 소장은 유전적 특성에서 답을 구한다. 조용진 교수는 한국인이 시베리아와 몽고 일대에서 살던 북방계 아시아인과, 남중국, 동남아, 일본 등지에서 살던 남방계 아시아인의 혼혈이란 전제에서 한국인의 감성을 분석한다.

한국인은 북방계의 피가 70퍼센트, 남방계의 피가 30퍼센트 정도 섞여 있지만 일본인은 남방계가 70퍼센트, 북방계가 30퍼센트 정도로 섞여 있다는 것이다. 북방계는 수렵민족의 특성을 지니는데 수렵의 특성상 동물적 본능, 즉 직감력이 뛰어나다. 동시에 감성적이다.

남방계는 주로 농경민족의 특성을 지니면서 분석적이고 논리적이다. 농사를 지으려면 날씨 변화와 토양 등을 관찰하고 잘 이해해야 하기 때문이다. 이렇게 보면 우리 민족이 가진 '감정의 과잉'은 태생적인 부분도 있다.

그 때문인지 우리 국민들은 참 정이 많다. 헤어질 때 눈물짓고, 조금만 기뻐도 울고, 참사 소식에는 몸부림치며 울부짖는다. 또 때려죽일 듯이 미워하던 이도, 그가 참혹하게 상처를 입으면 미워하던 때가 언제

였던가 싶을 정도로 측은함을 표시한다.

이를 입증하는 오래된 이야기가 있다. 내 언론사 선배 한 사람은 광주 출신이다. 그러기에 5.18에 대한 감회가 남다르다. 실제로 집안사람 중 한 사람도 광주민주화운동 때 사망했다. 당연히 전두환 전 대통령에 대한 증오가 컸다.

지난 1995년 전두환 전 대통령이 재판 끝에 군사반란 수괴 혐의로 구속 수감될 때의 일이다. 수많은 국민들이 집이나 직장에서, 아니면 역 대합실에서 그 장면을 TV로 지켜보았다. 나와 선배도 그 역사적인 장면을 기자실에서 지켜보았다. 한 시대를 호령하던 전두환 씨가 반란 수괴의 신분으로 검찰의 소형차에 태워져 한강 다리를 지나가고, 그 뒤를 수많은 취재차량이 카레이스를 방불케 하며 쫓아가고 있었다. 그때 선배의 입에서 전혀 예상치 못한 말이 흘러나왔다.

"그래도 참 안됐다. 한때는 대한민국 대통령으로 세상을 움직였는데……. 저렇게 추락해서 감옥에 갇힌다니 불쌍하기도 하다."

다른 사람은 몰라도 그 선배가 그런 말을 하리라고는 꿈에도 생각하지 못했다. 그러나 그 선배뿐만 아니라 전두환 대통령을 미워했던 많은 사람들이 비슷한 감회를 느끼고 있었다.

해명보단 '휠체어 연출'이 더 통한다

이런 정서를 잘 이용하는 것이 사고를 친 공인들이다. 재벌 총수나 고위 공직자들은 감옥에 가자마자 예외 없이 병을 이유로 병원에 입원

한다. 휠체어를 타고 수염도 깎지 않은 초췌한 모습에 마스크까지 턱밑에 걸치고 TV에 나타나면 시청자들은 "그래도 안됐다. 재벌 총수가……" 하며 용서하고 만다.

사정이 이러니 재벌이나 정치인 또는 고위 공직자들에게는 난국 타개를 위한 가장 적절한 방법이 솔직하게 해명하는 것이 아니라 '휠체어 연출'이 되어버렸다. 이를 두고 외국 언론은 "한국에서는 재벌 총수가 죄를 짓고 감옥에 가면, 잘못한 일을 바로잡고 용서를 비는 게 아니라 병원행과 휠체어 연출을 통해 얼마나 빨리 구속에서 벗어나는지 경쟁한다"며 비아냥거리는 기사를 쓴 적이 있다.

외국인은 한국인의 '정'이 무섭다

미움도 쉽게 잊고 원수도 금방 용서하는 마음이 바로 한국인의 정서다. 그런 정서는 역방향으로도 똑같이 작용한다. 듬뿍 정을 주다가도 조금만 맘에 들지 않으면 격한 분노로 난도질하고 죽일 듯이 미워하는 것이다.

히딩크 감독이 이끌던 월드컵 국가대표팀이 한두 경기에서 지자 사람들은 히딩크 감독이 물러나야 한다고 난리를 쳤지만, 마침내 월드컵 4강 신화를 만들어내자 국민적 영웅으로 대접하며 시민권까지 부여했다. 히딩크 감독은 아마도 이런 한국인의 정서 때문에 천당과 지옥을 오갔을 것이다. 아마 후임 감독에게 무엇보다 이런 정서를 이겨내야 버틸 수 있다고 충고했을 것이다. 반면, 월드컵 대표팀은 월드컵 4강에 오른 뒤 더욱 무서웠을 것이다. 경기란 게 이길 수도 있고 질 수도 있는 것이지만, 나중에 그만큼 못해냈을 때 국민들이 얼마나 질타할까 생각하면 몸서리가 처질 법도 하다. 그리고 실제로 그랬다.

한때 우리 국민의 유일한 영웅이었던 황우석 박사가 실험 조작 파문으로 망가진 과정도 비슷하다. 과오만큼 공도 많았지만, 점증하는 여론의 분노는 모든 공적의 기억을 불살라버렸다. "감히 우리를 속이고 기대를 배신했다"는 증오심과 "그래도 영웅을 지켜야 한다"는 일단의 동정심은 유혈 충돌도 가져왔다. 그러면서도 공통적으로 "황 박사가 기술을 갖고 외국으로 망명해 버리면 어떻게 하나" 하고 불안해하기도 했다. 우리가 그렇게 '정 때문에' 갈등하고 있을 때, 함께 조작 실험에 참여했던 미국의 새턴 박사는 약간의 미안함만 표시한 채 그대로 대학에 재직하며 연구 활동을 계속하고 있다.

지금 우리 사회에서는 황우석 박사의 이름을 입에 올리는 것 자체가 금기다. 황 박사의 잘못을 덮어둘 수는 없더라도, 공은 인정하고 재기의 기회를 주는 것도 필요하다. 우리 민족이 정이 많다지만, 정이 많으면 응당 함께 가져야 할 용서와 관용의 정신은 매우 부족하다. 다시 말해 균형 잡힌 정은 아닌 셈이다.

한국에서는 한 번 찍히면 그것으로 끝이다. 재기할 기회를 좀처럼 얻기 힘들다. 그것이 정 많은 국민들이 만들어낸 사회적 분위기라고 하기에는 아무래도 설득력이 부족하다. 그래서 한국인을 잘 아는 외국인에게는 그 '한국인의 정'이 무섭게 여겨진다.

절제 없는 감정은 사태를 왜곡한다

고등학교 시절에 선생님이 새겨준 고정관념이 하나 있다. 서양인은 인정머리가 없기 때문에 사람의 정이 그리워서 개를 애완용으로 키우고 끔찍이 생각한다는 것이다. 그러나 외국에 살다 보면 그렇지 않음을 많이 느낀다. 오히려 한국인과 똑같은 양의 정을 지녔거나, 아니면 정의 절대량이 더 많아 그것을 짐승에게까지 나눠주고 있는 게 아닌가 하는 생각이 들 때가 많다.

미국에서 초등학교 학기 마지막 날은 흔히 눈물바다가 된다. 승급하는 아이들과 헤어지는 것을 아쉬워하는 여선생님들은 거의 대개 눈물을 흘린다. 필자가 미국에서 연수를 받을 때 미국에서 1년간 초등학교를 다닌 막내는 종업식 날 여선생님이 목을 껴안고 울자, 당황해서 어쩔 줄 몰라 하다 따라서 눈물을 글썽이기도 했다.

우리가 가진 정을 그들도 함께 가지고 있는 것이다. 그러나 그들에게는 없는 것이 있다. 그것은 격한 감정의 표출이다. 2007년 4월 16일 미국 버지니아 공대에서 한국인 학생 조승희가 총기를 난사해 수십 명의 무고한 인명을 살상한 사건이 일어났다. 그때 출장을 갔다가 현장을 누비면서 인상적으로 느낀 것은 바로 미국인이 보여준 감정의 절제였다. 수십 명이 피살된 끔찍한 현장이었지만, 이상하리만큼 차분한 모습은 바로 절제에서 비롯된 것이었다. 경찰도 시민도, 심지어 아들딸과 형제를 잃은 가족마저도 충격과 분노와 슬픔을 절제하고 있었다. 그렇다고 그 슬픔이 울부짖는 한국 사람들보다 덜한 건 아니었다. 유족은 절제된 시선으로 당국의 대응을 바라보고, 미흡한 점이 발견되면 개선을 요구했다. 당국은 원칙대로 사건을 수사하고 대응책을 내놓으면서 사태를 수습했다.

만약 외국인이 한국에서 그런 짓을 저지른다면 어떨까? 온 국민의 분노가 해당 외국인에게 쏟아질 뿐만 아니라 그 외국인의 민족과 국가를 향해서도 증오심이 폭발할 것이다. 유족은 살기등등한 기세로 당국의 안이한 대응과 무대책을 질타하며 몸부림칠 것이다. 또 사태 해결에 나선 고위 당국자는 관례상 유족을 방문해야 한다는 의무감과 그랬다가 행여 흥분한 유족에게 테러라도 당하지 않을까 하는 두려움 사이에서 전전긍긍할 것이다.

민족마다 고유의 민족성이 있다. 그것은 자연환경과 역사적 배경이 만들어준 산물이다. 따라서 민족성도 상대적인 가치를 지닌다. 절대적인 점수를 매기기는 어렵다는 말이다. 그러나 과유불급過猶不及은 그런 상대적 가치 속에서도 항구적인 의미를 가진다. 감정의 과잉은 본질을 외면하게 하고 격한 감정에만 몰입하게 해서 사태 해결을 어렵게 한다. 그러면 결국 본질은 묻히고 감정의 골만 남는다.

끝이 보이지 않는 우리의 난제 중 하나가 비정규직 노동자 문제다. 언젠가 노동부 장관이 비정규직 노동자들이 농성을 벌이고 있는 현장에 갔다가 중재는커녕 독이 오를 대로 오른 사람들에게 잡혀 곤욕을 치른 적이 있다. 논리와 타협보다는 격한 감정과 행동을 먼저 분출하는 집단을 상대로 설득은 불가능하다. 그 일을 지켜본 많은 사람들은 장관의 직분상 현장에 가야 할 당위성이 있다는 것은 이해하지만, "괜한 짓을 해서 사서 고생한다"는 의견을 피력했다.

노동부 장관은 경찰의 도움을 얻어 울부짖는 노동자들에게서 겨우 빠져나왔다. 그러면서 이렇게 말했다. "아무리 의견이 달라도 이런 식으로 문제를 해결해서는 안 됩니다. 정말 실망스럽고 노동단체에 대해 환멸을 느낍니다." 장관의 이야기가 새삼스러운 것은 아니다. 우리 주변에서 항상 보는 일상이다.

감정의 과잉은 우군마저 멀어지게 만든다. 분노와 피해의식만을 분출하는 상대에게는 도와주려던 이들도 접근을 꺼리고 원조를 하지 않는다. 바로 감정의 과잉이 만드는 손실이다.

열등감은 성과 없는 공격으로 이어진다

때로 열등감은 상황 판단을 흐리게 하고 감정의 과잉을 부른다. 우리는 그런 사례를 미국의 단거리 스케이트 선수인 오노Anton Ohno의 사례를 통해 찾을 수 있다. 오노는 한국인의 반감 덕분에 미국에서 더 유명해졌다. 라이벌인 한국의 김동성을 할리우드 액션으로 실격시켜 우승했다가 한국인에게 무차별 사이버 테러를 당하자, 그것이 역으로 미국인의 동정심을 사고 관심을 끌었기 때문이다.

팔이 안으로 굽듯 미국인은 오노를 감싸게 마련이다. 그들이 보기에는 김동성이 반칙을 한 것이므로 오노가 우승한 것이 당연하다고 생각할 것이다. 그런데 무지한 한국인이 오노의 블로그를 무차별 난타해 다운시켜 버린 것이다. 미국인 중 10퍼센트도 모르는 이 사안을 놓고 대한민국 전 국민은 왜 그처럼 난리를 피운 걸까? '오노스럽다'는 신조어까지 생길 정도로 오노를 그렇게 미워한 이유는 무엇일까?

그것은 오노가 그 잘난 미국인이었기 때문이다. 오노가 베트남 사람이나 필리핀 사람이었다면 괘씸하게 생각하면서도 아마 용서했을 것이다. 우리가 발버둥 쳐도 이길 수 없는 미국 시민이었기 때문에 그만큼 더 얄밉고 싫었던 것이다.

우리는 유독 일본과 미국을 싫어한다. 직접 가서 살아보면 두 나라가 대단한 장점과 저력을 가진 나라라는 것을 알아채면서도 무조건 싫다는 생각이 든다. 오죽했으면 히딩크도 한국인의 이런 정서를 간파하고 월드컵 평가전에서 "일본만은 반드시 이기겠다"고 표현했겠는가.

역사적 배경이 가장 큰 이유겠지만, 그 바탕에는 열등감이 깔려 있다. 그들 때문에 아픈 상처를 입었는데도, 여전히 넘기 힘든 존재다. 그러다 보니 열등감이 미움으로, 공격성으로 변해가는 것이다.

몇 해 전 검정 양복을 입은 한 무리의 젊은이들이 서울의 한 공원에서 일본의 독도 점유권 주장에 항의해 손가락을 자른 충격적인 사건이 있었다. 일본의 터무니없는 주장에 함께 분개하던 시민들도 뉴스에 대문짝만하게 나온 단지 사건에 대해서는 치를 떨었다. "아무리 그래도 그렇지"라는 속내를 가졌으리라 짐작된다.

그렇다면 우리가 손가락까지 잘라가며 분개하고 있을 때, 일본은 우리와 똑같은 정도로 그것을 느끼고 있었을까. 미안한 이야기지만 아마도 일본인의 80퍼센트 이상은 한·일 간의 독도 분쟁에 대해 관심도 없었을 것이다. 우리끼리 북 치고 장구 치고 한 셈이다. 열등감은 공격성의 과잉을 낳는다. 그러나 그것은 성과 없는 공격성에 그치고 만다. 우리가 자신의 몸과 마음에 상처를 내고 있을 때 상대방은 "쟤들 왜 저러지" 하며 물끄러미 바라볼 뿐이다.

몇 해 전 한 언론사가 한·일 국민을 대상으로 실시한 호감도 조사는 이런 사실을 극명하게 보여준다. 우리나라 사람들에게 일본을 좋아하느냐고 질문한 결과, 불과 15퍼센트만이 좋아한다고 답했다. 정도의 차이를 떠나 국민의 85퍼센트가 좋지 않은 감정을 갖고 있는 것이다. 반면, 일본 사람들은 절반에 가까운 45퍼센트가 한국에 대해 호감을 갖고 있다고 답했다. 좋아하는 수교국 순위에서도 미국 다음으로 2위였다. 미워하는 것도 서로 같이 미워해야 덜 억울하다. 우리가 일본을 그렇게 미워하는 동안에 일본은 우리의 감정이 무색하게도 한국에 대해 호감을 갖고 있는 것이다. 즐거운 일이 아니라 무시당하는 느낌까지 들 정도이다.

우리나라 사람들은 일본이나 미국과 '맞짱 뜨는' 걸 좋아한다. 조심스럽게 외교적 수사를 구사하는 정치인보다 두 나라를 우리와 대등한 수준에 놓고 "한번 해볼 테면 해보라"고 뻐기는 정치인을 좋아한다. 그런 정치인은 우리가 가진 열등감의 상처를 말로 대신 보상해 주기 때문이다.

그러나 그 대가는 비싸다. 미국의 감정을 자극한 정부의 발언 탓에

결국 주한미군이 일부 감축되었고 미군기지 이전 비용을 대거 떠안고
말았다. 그리고 미국의 눈치를 보며 명분도 없는 이라크 전쟁에 미군
다음으로 많은 군인을 파견했다. 맞짱 뜨지도 못하면서 맞짱 뜨자고 했
다가 된통 당한 셈이다.

집단적 열등감은 집단적 수치심 유발

한국인은 일반적으로 동남아와 같은 개도국에 가서 실수하는 것보
다 미국이나 유럽 등 선진국에서 실수하는 일을 시쳇말로 더 '쪽팔려'
한다. 우리보다 못한 국가에서 실수를 하면 우월감으로 뭉개려 하는 반
면, 우리보다 잘난 나라에서는 열등감이 부끄러움을 키우기 때문이다.

얼마 전 세계를 놀라게 한 조승희 총기난사 사건은 한국인의 열등의
식에 대해 많은 것을 시사한다. 당시 미국의 수많은 매체들은 한국인의
과잉 반응에 대해 "한국인은 한 명이 큰일을 해내면 국민 모두 자기 일
처럼 으쓱해하고, 반면 누구 하나가 큰 사고를 치면 모두가 수치심을
느낀다"고 분석했다.

총기난사 사건 당시 미국에 있었던 필자도 그런 것을 많이 느꼈다.
사건을 접한 주변의 많은 연수생들은 며칠간 학교나 영어학원 나가는
것을 중단했다. 범인이 한국인이란 사실이 부끄럽기도 하고, 한국인에
대한 적개심이 확산되었을 것 같아 무서워서 그런 것이다. 그래서 다들
집안에서 사태의 추이를 지켜보았다. 취재 지원 차 현장에 나가야 했던
필자도 한국인과 한국인 기자에 대한 반감이 얼마나 심할지 내심 걱정

되었다.

그러나 모든 걱정은 기우였다. 취재 현장에는 엄청난 취재진들이 몰려와 있었다. 미국의 모든 언론사에서 기자들과 앵커들을 파견했고 수백 대의 중계차들이 포진해 있었다. 물론 엄청난 수의 한국인 기자들도 현장을 취재했다. 특파원들뿐만 아니라 연수나 유학 또는 다른 출장으로 미국에 온 기자들까지 본사의 호출을 받고 현장으로 급파된 것이다.

현장에서 제작을 하고 있는데 미국 백인 여기자 한 명이 다가오더니 진지한 표정으로 내게 물었다. "여기 한국인 기자들이 왜 이렇게 많이 왔나요? 혹시 조승희 씨가 한국인이라 그런 건가요?" 나는 "아마도 그럴 겁니다"라고 답했다. 그러자 그 여기자는 고개를 갸웃하며 이해할 수 없다는 표정을 지었다.

미국인의 생각에, 조승희는 한국인이 아니라 미국인이었다. 문제가 생겨도 미국에서 생긴 것이고 사회적 시스템의 문제라면 미국의 문제에 기인한 것이다. 미국 내 한국 교민들이 사죄의 뜻으로 단식까지 하겠다고 나서고, 한국정부가 사과와 애도를 표하는 과잉 반응은 이해할 수 없는 일이었다.

미국인이 이해할 수도 없고 바라지도 않는 일을 한국인은 왜 하려고 하는 것일까. 미국인의 눈 밖에 나지 않을까 하는 초조함과 두려움이 그런 과잉 반응을 불러온 것이다. 한국인은 미국에 대해 절대적 존재 가치를 부여하면서도 애증이라는 상반된 감정 때문에 갈등한다. 반미 구호를 외치면서도 기회의 땅 미국을 찾는다. 그러면서 마음속 깊은 곳에는 미국에 대한 무거운 열등감이 있다. 그리고 그런 열등감 때문에 작은 잘못에도 필요 이상으로 자학한다. 당연히 얻을 권리도 빚진 마음으로 어렵게 구하며, 남들은 그렇게 생각하지 않는데도 스스로 피해의식 속에서 살아간다.

미국에는 세계 어느 나라보다도 거지가 많다. 그런데 미국의 거지들은 참 뻔뻔하다. 미안해하거나 부끄러워하는 기색도 없다. 사지가 멀쩡한 젊은 거지들이 찻길에서 당당하게 손을 내민다. 굽실거리다 못해 바닥에 엎드려서 구걸하는 우리나라 거지와는 판이하게 다른 모습이다.

우리는 국제사회에서 당당한 국가로 우뚝 섰다. 어느 선진국 못지않게 원조도 많이 하고 미국이나 일본과도 줄 것은 주고 받을 것은 받으면서 교류한다. 예전처럼 빚질 것도 없다. 교민들도 열심히 일하며 지역 사회 발전에 기여하고 있다. 우리는 좀 더 당당해질 필요가 있다. 당당해지면 과잉 행동이 사라진다. 반면 열등감은 과잉 감정과 과잉 행동을 유발한다. 아직도 우리 사회 곳곳에서 나타나는 과잉 행동은 그런 열등감이 바닥에 깔려 있는 것이다.

중국산 명품은 싫다

요즘은 또 중국에 대한 감정이 미묘한 듯하다. 소득과 문화 수준에서 우월감을 느끼면서도 중국의 급성장에 대해서는 두려워한다. 중국은 이미 세계를 좌지우지하는 거대한 용으로 성장했다.

언젠가 미국에서 명품 아울렛을 방문한 적이 있다. 이름만 대면 알

만한 수많은 명품 매장들에는 항상 한국인이 빠지지 않는다. 그런데 그들의 구매 패턴을 가만히 살펴보면 명품이라도 중국산이라면 민감한 거부감을 보인다. 자기가 사용하든 남에게 선물하든, 한국 사람들에게는 명품도 중국산이면 찝찝한 상품이 되고 만다.

그러나 아이러니컬하게도 '버버리' 같은 명품은 중국산이 아닌 것이 없다. 영국 런던에 있던 본사가 아예 문을 닫고 모든 공장을 중국으로 이전했기 때문이다. 'made in London'이 사라졌는데도 한국 사람들은 런던산 버버리를 찾고 있다. 한국 사람들을 위해 산지를 런던으로 표기한 라벨을 따로 붙여 팔아도 되겠다는 생각이 들 정도다.

골프용품도 마찬가지다. 대중적인 골프채로 인기 높은 '테일러메이드'도 미국산은 아예 없다. 모든 부품을 중국에서 제작하고 조립한다. 그러나 한국인은 중국산 테일러메이드 제품은 여전히 품질이 조악하다는 인식을 갖고 있다.

미국에서 살다 보면 중국산 제품은 품질의 좋고 나쁨을 떠나, 그것이 없이는 생활이 되지 않을 정도다. 생필품 중에 중국산 아닌 것이 거의 없다. 미국인도 약간 불안해하면서도 중국산 제품의 홍수 속에서 살고 있다. 그러나 그들은 상대적으로 우리보다 중국산 제품에 대해 덤덤하다. 정밀조사를 해보면 비위생적이고 유해한 성분들이 검출될 게 뻔한데도 FDA에서는 예산을 핑계로 제대로 검증도 하지 않는다. 그러니 우리처럼 호들갑을 떨 일도 없다. 만약 문제가 생기면 정해진 절차에 따라 검역 조치를 취하고 수입을 금지하면 된다고 생각한다.

우리는 어떤가. 기생충 알이 검출된 중국산 김치 파동, 유해물질 '말라카이트 그린'이 함유된 중국산 생선 파동이 터졌을 때 온 나라가 마치 전쟁이라도 난 듯 중국을 매도했다. 그러다가 국산 김치에서도 기생충 알이 나오고 국산 생선에서도 말라카이트 그린이 검출되자, 머쓱한 듯 슬그머니 꼬리를 내렸다. 더욱 부끄러운 것은 기생충 알 파동을 일으킨 김치가 한국인이 중국에서 만들어 한국에 수출한 저질 김치란 것이다. 결국 중국 현지에서 한국인이 운영하는 김치 공장을 초토화시킨 것도 모자라 통상 분쟁까지 불러일으켰다.

중국에 대한 우리의 감정은 복합적이다. 열등감과 우월감, 그리고 두려움이 섞여 있다. 그리고 그런 복합적 감정의 과잉은 냉정한 대응을 못하게 한다. 말 그대로 냄비처럼 들끓다가 중국이 으름장을 놓으면 바짝 긴장하면서 내빼고 만다. 교역에서 수백억 달러의 흑자를 보고 있는 우리가 중국을 잘못 건드리면 막대한 손해를 볼 것이 명백하기 때문이다.

열등감이나 우월감은 모든 이가 느끼지만, 그것을 다룰 수 있어야 진정한 강자가 될 수 있다. 감정의 힘에 눌려 판단의 칼날이 무뎌지면 개인이나 국가에 손실을 가져올 수 있다.

03

점점 더 강한 것을 찾다

경계하라! 한국 시위대는 세계 최강이다

우리는 어떤 문제에 대해 주장하고 요구할 때 합리적인 방법으로 해서는 아무래도 약하다는 일종의 불안감이 있다. 그래서 1퍼센트라도 더 강한 표현을 찾고 그것이 점증되어 세계에서 유례없이 과격한 시위 문화를 갖게 되었다.

지난 2005년 홍콩에서 WTO 각료회의가 열렸을 때 농업개방에 반대하며 우리 농민 1천여 명이 현지로 몰려간 적이 있다. 당시 필자도 현지 취재를 위해 홍콩에 출장을 갔다. 대부분의 기자들은 WTO 협상에서 중요한 결론이 도출되기는 어려울 것으로 예상했다. 그래서 출장에 대한 부담은 한결 가벼웠지만 농민 1천여 명이 몰렸다는 소식은 마음 한구석을 짓눌렀다.

한국의 농민시위대는 홍콩 경찰을 초긴장 상태로 몰아갔다. 한국 농민들이 할복도 불사하는 과격성과 함께 세계 최강의 조직력을 갖고 있다는 것을 알고 있었기 때문이다. 그래서 조금이라도 법을 위반하면 감옥에 처넣겠다며 일찌감치 엄포를 놓았다.

처음 며칠 동안 한국 농민의 시위는 그야말로 '예술'이었다. 우리 국민에게는 식상한 모습이었지만, 거리 평화 행진과 삼보일배, 상여 행진 등은 홍콩인과 세계인에게는 이색적인 퍼포먼스였으며 종합예술이었다. 당시 한류 붐이 널리 일고 있던 홍콩에서 이런 특이한 시위가 연일 벌어지자 한국 농민들이 오히려 국위를 선양하고 있는 게 아닌가 하는 착각까지 들 정도였다.

그러자 내심 과격한 시위를 걱정했던 홍콩 언론과 경찰도 한국 시위대의 모습을 두고 "고차원적인 평화 시위"라며 격찬했다. 그런 칭찬의 이면에는 한국 시위대가 과격해지지 않도록 유도하려는 의도도 있었을 것이다. 기자실에서 받아본 홍콩 경찰의 내부 문건은 홍콩 당국의 복잡한 심경을 그대로 드러냈다.

홍콩 경찰이 산하 부대에 내려보낸 지시문에는 "한국 시위대가 지금은 평화 시위를 하고 있지만 언제 돌변할지 모른다. 그들은 세계 최강의 돌파력과 전투력을 가졌으니 모든 경찰대원들은 긴장을 늦추지 말라”는 내용이 담겨 있었다.

그런 우려는 현실이 되었다. 협상이 끝날 무렵, 한국 시위대는 현지 경찰과 가벼운 몸싸움을 시작했으며 그것은 과격 시위를 예고하는 전주곡이었다. 협상 마지막 날, 시위는 마침내 선을 넘으면서 본색을 드러냈다.

어디서 구했는지 각목까지 등장해서 실제 전투와 비슷한 과격한 몸싸움이 벌어졌다. 홍콩 경찰은 우왕좌왕했다. 한 번도 그런 과격한 시위에 맞서본 적이 없었기 때문이다. 기껏 대응한다는 게 모기약 같은 최루 스프레이를 뿌리는 것이었다. 결국 이 소동은 이국땅에서 한국 시위대 1천여 명이 연행되는 사상 유례없는 사태로 끝났다.

과격성과 엽기가 익숙하고 편하다?

우리는 과격한 모습을 대할 때 참 덤덤하다. 익숙하기 때문이다. 어지간한 과격성으로는 충격을 받지 않는다. 그래서인지 우리의 과격성은 날로 정도를 더해간다. 마치 내성이 생긴 마약중독자가 약효를 느끼기 위해 갈수록 더 많은 마약을 섭취하는 것과 비슷하다.

언젠가 미군기지 이전을 반대한다며 해당 지역 주민들이 ‘새끼돼지 사지 찢기 퍼포먼스’를 벌인 적이 있다. 그들은 생각만 해도 혐오스럽고 엽기적인 행동을 시민들 앞에서 서슴없이 행했다.

이는 국민의 관심을 끄는 면에서는 크게 성공했다. 어지간한 과격성에도 꿈쩍하지 않던 사람들이 혀를 내둘렀기 때문이다. 그러나 다른 면에서는 완전히 실패했다. 관심은 끌었지만 기대했던 성원과 지원에서는 오히려 더 멀어졌기 때문이다.

도대체 누가 그런 퍼포먼스를 생각했을까. 그런 행위가 어떤 파장을 불러올지 예측이나 했을까. 어떤 행위든 명분이 있어야 하는데 새끼돼지 퍼포먼스의 명분은 미군기지 이전 반대와 어떤 인과관계가 있었을까. 참 기분 나쁘고 부끄러운 일이 아닐 수 없다.

한국에는 행위예술가들이 별로 없다. 외국의 길거리나 관광지에서 흔히 볼 수 있는 행위예술을 대한민국에서는 찾아보기 힘들다. 왜냐하면 예술가들이 아니더라도 매일 특정 목적을 가진 시민들이 상여 행진을 하고, 돼지를 찢고, 고공 시위를 하기 때문이다. 행위예술가들은 시민에게 시위대보다 더 특별한 느낌을 줘야 하니 여간 힘든 게 아닐 것이다. 그래서 한국을 포기한 모양이다.

우리에게 익숙한 과격성이 외국인에게는 충격이다. 한 미국인은 서울시청 앞에서 무서운 광경을 보았다고 했다. 무슨 말인가 했더니, 시청 주변에 교통 정체가 극심해서 택시에서 내려 걸어가는데, 경찰 대치선 저쪽에서 수십 명의 시위대가 프로판 가스통을 쥐고 불을 뿜으며 경찰을 위협하고 있더라는 것이다. 그는 가스통이 터지면 수많은 사람들은 물론이고 자기도 위험하다는 생각에 서둘러 그곳을 빠져나왔다고 했다. 그러면서 경찰이 왜 그들을 제압하지 않는지 모르겠다고 했다. 미국 같으면 총격까지 고려할 정도인데 왜 그냥 지켜보고 있는지 이해가 안 된다는 것이다.

'충격' 이야기에 깜짝 놀랐다. '아니 가스통이 크긴 하지만 그까짓 프로판 가스에 불 붙여서 위협한 것 정도로 무슨 충격이야?' 라는 생각 이 들었다. 그러나 다시 생각해 보니 필자를 포함한 우리 국민이 하도 잦은 과격 시위에 무덤덤해지고 있다는 생각이 들었다. 가스통 위협 시 위가 워싱턴에서 벌어졌다면 어땠을까? 장담은 못하지만 총소리가 들 릴 수도 있었을 것이다.

이제 우리는 '편안하게 느껴지는 과격성'을 이상하게 생각해야 한 다. 그 편안함은 세계인의 보편적인 정서가 아니다. 제 목소리를 내기 위해 과격성을 무기로 삼는 행위는 전형적인 후진국 시민의 행태다. 그 행태를 용인하고 벗어나지 못하는 한 품격 있는 선진시민으로 도약하 기는 힘들다.

떼쓰면 통한다

모 건설업체의 임원을 만난 적이 있다. 대화 도중 필자가 사는 아파 트 바로 옆에 한창 주공아파트 재건축을 하고 있다고 하자 그는 대뜸 팁을 하나 알려주겠다면서, 아파트 외벽에다 무조건 '반대한다' 는 플 래카드를 걸어놓으라고 했다.

이야기의 요지는 이랬다. 일단 플래카드를 내걸면 구청에서 민원을 해결하라고 시행사와 건설업체를 압박하고, 그러면 건설업체들은 주 변 아파트 주민들에게 얼마간 보상금을 주고 무마한다는 이야기였다.

자신이 하도 그런 행태에 시달리다 보니 하소연하는 셈으로 이야기한 것이었다.

그러고 보니 재건축 아파트 현장 주변에는 어김없이 "주민 생계 위협하는 재건축 중단하라!", "불법 재건축 허용한 구청장은 물러가라!" 등의 구호가 적힌 플래카드를 발견할 수 있다. 속이 뻔히 보이는 거래지만, 그런 거래가 일반화되어 있는 게 현실이다.

비단 재건축 아파트 현장뿐만 아니라 국책 공사를 포함한 거의 모든 공사 현장에는 그런 플래카드가 걸려 있다. 겉으로는 주민 생계와 환경 보호를 앞세우지만 속내는 한몫 챙겨보자는 심사다. 그리고 그런 시도는 정도의 차이는 있을지언정 항상 성공한다. 그리하여 "떼쓰면 통한다"는 경험이 온 국민을 '떼국민'으로 만들고 있는 것이다.

어떻게 보면 '떼국민'은 업보다. 군사독재 시절 억압 받던 민의民意가 민주화를 담보로 정권을 잡은 노태우 정부 때 분출의 계기를 맞았다. 그동안 쌓인 민의가 봇물 터지듯 했고, 연이은 정권은 민주화의 이름 아래 국민의 목소리를 무차별적으로 수용했다. 길거리는 온통 개인과 집단의 이익을 요구하는 목소리로 넘쳐났고, 지방자치제까지 도입되자 단체장들은 자리 보전을 위해 각종 민의를 수용하기에 바빴다. 떼쓰면 통하는 구조적 시스템이 갖춰진 것이다.

표현의 과잉이 먹히는 나라는 정제되지 않은 미성숙의 나라다. 떼쓰는 아이는 매로 버릇을 고치듯, 우리 사회도 떼를 쓰는 집단이 지속적으로 이익을 챙기도록 방치해서는 안 된다. 이제 우리에게도 정당한 요

구와 절차를 통해 합리적인 보상을 수용하는, 표현방식이 성숙한 문화

가 필요하다.

04

평등을 외치지만 사실은 궁핍해진 생활

내 눈 앞에서 남의 자식 잘되는 꼴 못 본다

우리는 세계 어느 나라보다 사회주의적 성향이 강한 민족이다. 개인보다 집단에 더 가치를 두면서 공동체 의식을 강조한다. 그리고 개인의 능력에 따른 차등마저도 공동체 의식에 반한다며 인정하길 주저한다. 그리고 그런 경향은 교육에서 가장 두드러지게 나타난다.

비교적 낙후된 한 지역에서 외국어고등학교를 설립하기로 하는 방안이 상정되었다. 주민들은 대환영했다. 지역 내에 명문 고등학교가 들어서면 지역의 위상도 올라가고 무엇보다 자식들을 좋은 학교에 보낼 수 있을 것이란 기대감 때문이었다.

그런데 언제부턴가 분위기가 반전하기 시작했다. 주민들이 술렁이기 시작하더니 뜻밖에도 외고 설립 반대 기류가 거세게 일어나, 결국 주민 여론에 밀려 특목고 설립 계획은 백지화되고 말았다.

주민들이 반대한 이유는 무엇일까. 단적으로 말해 "내 눈 앞에서 남의 자식 잘되는 꼴 못 본다"는 것이다. 주민들은 처음에 자기 자식들이 모두 새로 생기는 특목고에 들어갈 것으로 생각했다. 그러나 모집 방식을 보니 전국의 뛰어난 학생들에게 모두 입시 기회를 준다는 것이었다. 그러면 지역 내 학생들이 입학하기가 바늘구멍이 될 것이 분명했다. 결국 지역 내에 지은 특목고에는 외지 학생들이 유학 와서 설칠 것이고, 그런 모습을 눈앞에서 지켜보면 배 아파서 못 견딜 것이란 게 주민들의 생각이었다.

투표하면 평준화로

얼마 전 아직 비평준화를 유지하고 있는 경기도의 한 도시에서 학부모들이 들고 일어나 평준화를 요구했다. 현재 평준화·비평준화 결정은 교육감 재량이다. 평준화를 요구하는 학부모들은 설문조사 결과를 들어 민의를 수용하라며 교육감을 압박했다. 설문 내용을 보면 평준화를 희망한 부모의 비율이 80퍼센트에 육박했다.

만약 주민투표로만 결정한다면 전국의 모든 고교가 평준화를 수용해야 한다. 공부 잘하는 학생은 전체의 20퍼센트 안팎인 반면, 나머지는 80퍼센트이므로 그들의 부모를 대상으로 투표를 하면 80퍼센트가 이길 수밖에 없다.

정치 논리에서 성장이냐 분배냐를 놓고 표결할 경우 항상 분배를 택하는 것과 똑같은 이치다. 부자들은 10~20퍼센트에 불과한 반면, 분배를 택해서 이익을 볼 것이라고 생각하는 계층은 80퍼센트에 이른다.

명문고의 소멸은 지역경제의 파탄을 가속

그러면 민심을 수용하여 평준화를 선택한 지역은 주민의 80퍼센트가 만족할까?

경기도의 양대 신도시인 분당과 일산에는 예전에 신흥 명문고가 둘 있었다. 하나는 서현고등학교, 다른 하나는 백석고등학교다. 다른 지역에서 전통적인 명문고가 사라져갈 즈음, 서울대 등 명문대 입학생을 수십 명씩 배출하는 이 학교들은 지역의 자랑이었다.

그러나 이 자랑스러운 학교에 아이를 보내지 못하는 부모들은 보통 속이 쓰린 것이 아니었다. 눈앞에 있는 '지역의 자랑'이 눈엣가시가 된 것이다. 주변에 살던 부모는 그때를 이렇게 회상했다.

"바로 옆에 명문고가 있는데, 먼 데 있는 일반 학교에 애를 보내려니 속이 타더군요. 눈에 안 띄면 모르겠는데, 내 자식이 못 들어갔다고 생각하니 차라리 그 학교가 없는 게 낫겠다 싶더라고요."

그러다가 교육청에서 설문조사를 실시했다. 주민 민의를 수용해 평준화 · 비평준화 여부를 결정하겠다는 것이었다. 결과는 자명했다. 80퍼센트 이상의 '속 쓰린' 부모들이 평준화를 희망했고 두 명문고는 사라졌다.

그런데 또 문제가 생겼다. 지역 내 명문고가 사라지니까 집값이 하락하거나 정체되기 시작한 것이다. 서울과 다른 지역에서 집값이 폭등세 행진을 할 때도 그 지역은 예외였다. 이른바 '학군 프리미엄'이 사라졌기 때문이다. 평준화를 희망했던 부모들은 이렇게 말했다.

"집값이 안 오르니까 또 후회가 되었어요. 게다가 어디 산다고 하면 명문 고등학교 옆에 있어서 좋겠다고 말하던 사람들도 없어지고요. 지역에 대한 자부심까지 무너지더군요."

이런 일은 비단 신흥 명문고만의 일은 아니다. 전통적인 지역 명문이 사라진 지방의 경우도 마찬가지다.

서울 강남에 집 사면 재산 증식, 명문대 입학 일거양득

예전의 지역 명문고는 지방의 자랑인 동시에 지역경제에도 어느 정도 기여했다. 전주, 진주, 마산 등 지역 명문고가 있던 중소도시에는 주변에서 몰려든 수많은 인재들이 하숙이나 자취를 했다. 때로는 부모가 그곳에 집을 사서 자녀들을 할머니, 할아버지와 함께 유학을 보내는가 하면, 통학하는 학생들 때문에 통근버스도 활성화되었다.

그러나 돈 좀 있는 지방 유지들은 이제 명문고가 사라진 중소도시에 아이들을 보내지 않는다. 대신 서울의 강남에 집을 사서 아이들과 함께 올라가거나 가정부를 고용해 아이들을 돌보게 한다. 1가구 2주택에 높은 세금이 부과되다 보니 정작 고향에서는 전세살이를 한다.

서울에 집을 사고 아이들을 유학 보내면 일거양득이다. 아이들을 좋은 대학 보내서 좋고, 집값이 올라 재산 증식도 된다. 그렇게 해서 지방 인재뿐만 아니라 돈까지 서울로 몰리고 있는 것이다. 서울 강남의 집값이 그처럼 오른 데는 지방 유지들의 이런 일석이조 전략이 있었던 것이다. 달리 말하면 고교 평준화 전략이 수도권의 경제 집중을 가속화한 요인이었던 것이다.

평등에의 집착이 시기심을 부른다

고층건물은 도시의 경관을 해치는 흉물이고, 저층건물은 경관을 살리는 환경 친화적인 건축일까? 적어도 우리 국민들은 그렇게 여기는 것 같다. 그렇게 세뇌교육을 받다시피 했기 때문이다. 지금껏 정부와 언론은 도심 과밀화와 고층화가 각종 도시 문제의 근원인 것처럼 국민에게 주장했다.

땅만 넓다면야 '좋은 것'으로 인식된 저층건물을 얼마든지 많이 지어서 국민들이 쾌적하게 살도록 할 수 있다. 그런데 설령 땅이 넓어도 모든 땅에 평균적으로 저층건물을 짓는 나라는 없다. 어느 나라든 도시의 집중화 현상이 갈수록 심해지고, 그에 따라 하늘을 가리는 마천루도 연이어 생겨난다.

달리 생각하면 고층건물이 도시의 경관을 해친다는 발상은 별로 근거가 없다. 세계의 아름다운 도시들을 가보면 어느 곳이든 디자인이 빼어난 고층건물, 고층아파트가 강변과 해변을 굽어보고 있다. 조망권의 중요성이 커지다 보니 이런 고층화 현상은 더욱 가속화하는 듯하다.

홍콩의 야경은 경관이 빼어난 바닷가에 각양각색의 모습으로 솟아 있는 고층건물들 덕분에 더욱 빛난다. 극심한 과밀화에도 불구하고 세계인을 끌어모아 그들의 추억으로 자리잡는다. 샌프란시스코나 뉴욕의 고층건물들도 뛰어난 자태로 사람들을 유혹한다.

그러나 우리에게는 고층건물 건축이 도심 과밀화라는 부정적 인식의 덫과 함께 시기심의 덫에 걸린 듯하다. 재건축 열풍이 거셀 즈음, 부동산 정책의 대표적 표적인 서울 압구정동 아파트 단지 주민들이 초고층 재개발을 추진했다. 용적률은 그대로 두되 최대한 층을 높여서 동간거리를 넓힘으로써 쾌적성을 확보하고 각종 편의시설을 늘린다는 것이었다. 동시에 한강의 경관과도 조화를 이룰 수 있도록 하겠다는 발상이었다.

타당성이 있는 주장이었지만 결국 추진되지 못하고 중간에 주저앉았다. 인·허가를 담당한 서울시와 건교부가 반대했기 때문이다. 멋진 고층아파트가 한강과 조화를 이루어 볼거리를 제공할 것이라는 주장은 용납할 수 있지만, 그런 아파트를 갖지 못한 사람들이 느끼는 상대적 박탈감이 사회적 갈등을 조장할 것이라는 우려 때문이었다.

강남 임대아파트는 서민용이 아닌 외국 기업 임직원용?

이러다 보니 항간에서는 정책이 실효성은 없고 국민의 '배 아픔'을 달래주는 것에서만 탁월한 효과를 발휘하고 있다는 비아냥거림까지 나온다.

정책 당국자의 의식도 문제다. 참여정부의 부동산 정책이 최고조에 달할 즈음, 관계 부처의 최고위층을 만난 적이 있다. 당시 정부는 강남의 아파트값 상승을 막기 위해 강남 재건축 아파트 중 일정 비율을 임대주택으로 건설하겠다는 방침을 발표한 직후였다. 정부는 강남에 임대주택을 건설하면 집값도 안정될 뿐만 아니라 부자와 서민이 함께 어울려 살아가는 아름다운 이상향을 만들 수 있으리라 기대했다. 그러다 보니 논의의 주제는 자연스럽게 강남 부동산 문제가 되었다. 필자는 고위당국자에게 물었다.

"강남 임대아파트 임대료를 시가대로 받겠다고 발표했는데, 그럴 경우 33평형 아파트의 월세가 얼마나 되는지 아십니까?"

그는 곰곰이 생각하더니 이렇게 대답했다.

"월세가 대략 300만 원 안팎이 되겠네요?"

"그러면 거기에 누가 들어가죠? 정부의 기대대로 서민이 입주해서 강남 생활을 만끽할 수 있나요?"

그는 난감한 표정을 짓더니 잠시 후 이렇게 대답했다.

"서민은 못 들어가고 국내에 들어온 외국기업의 임직원이나 외교관은 들어갈 수 있겠네요."

참 어처구니없는 대답이었다. 서민도 강남에 살 수 있게 해주겠다는 공언이 허언虛言임을 정책 당국자를 통해 확인한 순간이었다.

사실 서울 강남의 임대주택 의무화 조치는 "다 같이 망가져버려라"는 무책임한 정책의 결과다. 그런 정책은 당장의 '배 아픔'만 달래줄 뿐 아무런 긍정적인 효과도 기대할 수 없다. 결국 지금 완공된 강남의 임대아파트에는 들어갈 능력이 있는 서민도 없고, 관리대행 업무를 맡을 민간업체도 나서지 않아 골칫거리가 되어버렸다.

다 함께 몰락하면 배 아플 일이 없다?

언젠가 재정경제부 장관을 역임한 이헌재 씨에게 한국 사회의 가장 큰 문제를 한 가지만 들어보라고 질문한 적이 있다. 그는 즉답 대신 이런 말을 했다.

외환위기 직후 금융감독위원장으로 재직하고 있을 즈음, 모 방송사의 유명 앵커가 진행하는 라디오 프로그램에 출연한 적이 있다고 했다. 그때도 비슷한 질문을 받았는데, 그는 한국인의 가장 큰 문제가 "배고픈 건 참아도 배 아픈 건 못 참는 의식"이라고 대답했단다. 그런데 곧바로 온갖 비난과 성토의 목소리가 날아들어 그 다음부턴 그 말을 하고 싶어도 참는다고 말했다.

사촌이 논을 사면 배가 아픈 이유는 무엇일까. 무엇보다 가치의 파괴에서 찾을 수 있을 듯하다. 나보다 잘난 남의 가치와 권위를 절대 인정하지 않으니 타인이 나보다 잘되는 것을 용납할 수가 없다. "너와 내가 똑같은데 왜 네가 잘나가야 하는가?”라는 것이다. 과거 우리나라는 500년 전통의 유교 체제가 붕괴되면서 양반과 상민의 구별이 없어지고 한일병합으로 민족의 정체성까지 아사 위기에 몰렸다. 곧이어 전쟁이 나고 연이어 혁명과 쿠데타가 이어졌다. 이런 격동의 역사 속에 모든 가치와 권위의 붕괴 현상이 나타난 것이다.

가치와 권위의 폐허 속에서는 잘난 사람이 없다. 성공은 능력 때문이 아니라 탈법과 운 때문이며, 그러기에 타인의 성공을 정당하다고 순순히 인정하기는 어렵다. 이른바 ‘선량한 서민’ 들은 부와 명예를 부당하게 빼앗긴 것으로 생각한다. 따라서 성공한 사람에 대해 서민이 느끼는 시기심은 당연한 것이며, 분배 위주의 정책은 서민의 편에서 정의를 실현하는 ‘선한 정책’ 이 되는 것이다.

이런 가치관과 이에 바탕을 둔 정책의 극단적인 결과는 공멸이다. 다함께 망가지면 서로 시기할 것이 없으니 오히려 편해질 수도 있겠다. 몰락한 몇몇 남미 국가의 사람들은 배고픔과 가난에 시달리면서도 서로 시기하지 않고 살아간다. 그렇다고 몰락한 남미를 닮을 수는 없다. 시기심의 농락에 놀아날 것이 아니라, 상호인정의 문화로 집단의 시너지를 높여야 한다.

과장된 양극화를 부추기는 정치

참여정부가 분배 위주의 경제정책을 선언한 후 기득권층의 저항에 부딪칠 때마다 선택하는 카드가 바로 통계를 이용한 반격이었다. 기득권층에 반하는 통계, 중산층 이하 서민들의 정서를 자극하는 통계 발표를 통해 여론몰이를 하고 그에 힘입어 입법을 강행하는 수순을 항상 써왔다. 분배 우선이냐 성장 우선이냐의 논쟁은 사실상 논쟁거리도 아니다. 성장을 통한 파이 키우기는 모든 이에게 훨씬 더 많은 혜택을 돌려준다는 것은 이미 많은 선진국이 경험을 통해 얻은 진리다.

문제는 양극화도 심해진다는 것이다. 저소득층은 분배 위주의 정책에서 얻을 파이보다 더 큰 파이를 성장 위주의 정책에서 얻지만, 훨씬 더 큰 파이를 얻은 고소득층을 보면서 상대적인 박탈감을 느끼게 된다. 우리나라에서는 그 박탈감이 유독 강조된다. 여론몰이에는 질시와 증오심보다 더 좋은 동력이 없기 때문이다.

강남의 집값이 한창 요동칠 때, 정부와 여당은 강남 집값이 같은 크기의 강북 집값의 서너 배에 달한다는 사실을 세계적으로 유례가 없는 현상처럼 몰아갔다. 여러 경제지표를 감안할 때 강남 집값에 어느 정도의 거품이 있는지는 모르지만, 부자들이 몰려 사는 지역과 나머지 지역의 집값이 차이가 나는 현상은 당연하다. 유럽의 런던이나 파리, 미국의 뉴욕이나 워싱턴, 일본의 동경, 인도네시아의 자카르타, 중국의 북경 등 세계 어느 도시를 가도 이른바 '강남권'과 '비강남권' 사이의 집값 차이는 현저하다. 아니 오히려 지금의 서울이 덜한 면이 있다.

그리고 집값이 비싼 강남과 싼 강북은 궁극적으로 가격이 같아져야 마땅한 게 아니라 가격 차별이 있어야 차별화된 수요에 부응할 수 있다. 거주나 학군이 다소 불편하지만 집값이 싼 지역은 소득이 적거나 새로 살림을 시작하는 신혼부부들에게는 매력이 있다. 그들에게는 학군이나 주거 여건보다는 저렴한 주거비용이 가장 큰 선택의 요소이기 때문이다.

반면, 부자들에게는 비용보다는 주거환경이 우선이다. 비싼 집값을 지불할 여력이 있는 만큼, 학군을 따지고 주거의 편의성을 생각한다. 강북을 강남처럼 만들면 좋겠지만 그것은 필연적으로 비용의 상승을 가져오며 그렇게 되면 서민이 갈 곳이 없어진다. 전체적으로 주거의 질을 높인다는 것은 좋은 일이지만 그렇다고 전체를 똑같이 만들 수는 없다. 그렇게 되면 모든 이에게 이익이 되는 게 아니라 많은 사람에게 오히려 손해가 될 수 있다.

모든 국민이 명품을 살 수는 없다. 명품은 명품대로 수요가 있고 대중적 상품은 그것대로 더 많은 사람이 찾는다. 그것이 시장경제다. 그러기에 대중적 상품을 모두 명품으로 만들겠다는 발상은 현실성 없는 포퓰리즘이다.

사정이 이런데도 우리 정부와 일부 언론은 당연한 집값 차이를 당연하지 않은 것처럼 선동하고, 마치 모든 사람이 다 부촌에 들어가야 하는데 부자들의 농간 탓에 못 들어가는 것처럼 비치게 한다. 외국 어디를 둘러봐도 이른바 '강남'에 대해 우리만큼 시기하고 질시하는 모습은 찾아볼 수 없다. 그들은 부자가 부자 동네에 사는 것이 당연하다고 생각한다.

양극화 문제도 그렇다. 우리 국민은 우리나라가 전 세계에서 가장 심한 양극화의 문제점을 가진 것으로 알고 있다. 묘하게도 상극이던 정부와 언론도 이 양극화에서만은 일치단결된 목소리를 낸다.

양극화의 심각성을 알리는 지표로 '지니계수Gini's coefficient'가 있다. '소득이 어느 정도 균등하게 분배되는가를 나타내는 소득분배의 불균형 수치'인 지니계수를 국가별로 비교해 보면 우리나라의 양극화 정도는 세계 27위 정도다. 미국, 영국, 독일, 프랑스, 이탈리아 등 거의 모든 선진국이 우리보다 양극화 정도가 훨씬 심각하다.

반면 우리보다 소득분배가 잘 되어 양극화 정도가 덜한 나라는 헝가리, 덴마크, 스웨덴, 체코, 노르웨이, 우즈베키스탄 등 사회보장이 잘된 북유럽 국가나 옛 사회주의권 국가들이다. 게다가 사회주의 국가인 베트남이나 중국은 우리보다 양극화 정도가 더 심각하다.

한국에서 양극화 문제가 한창 심각하게 제기될 즈음, 세계적인 신용평가회사 무디스는 "한국의 양극화는 우려할 만큼 심각하지 않다"는 분석을 내기도 했다. 결국 양극화가 실제보다 커 보이는 것은 상대적 박탈감을 조장하는 정치에 의해 비롯된 것이다.

가끔씩 나오는 땅 부자 논란도 마찬가지다. 땅 부자 상위 1퍼센트가 전 국토 사유지의 50퍼센트 이상을 소유하고 있다는 정부 발표는 자세히 뜯어볼 필요가 있다. 땅은 대부분 가구주, 즉 집안의 가장이 소유자로 되어 있다. 아들, 딸, 부인 명의로 각각 분리되어 있는 게 아니기 때문에 땅의 소유 집중을 따지려면 개인별로 따질 게 아니라 가구 단위로 살펴야 하는 것이다. 게다가 땅 부자가 소유한 땅도 사실은 대부분 야산이나 논밭 등 거의 돈이 안 되는 것들이다. 따지고 보면 토지 양극화는 통계의 착시현상으로 포장된 면이 강하다.

종합부동산세 등 보유세 강화 방침을 밀어붙일 때 정부가 내놓은 논리도 비슷하다. 부동산 공급 실패 정책에 따른 가격 급등을 진정시키기 위해 별 고민 없이 할 수 있는 것이 바로 조세 강화를 통한 수요 억제책이다. 사상 유례없는 조세 폭탄을 퍼부으면서 정부는 "그래도 미국에 비해서는 아직 턱없이 낮다"는 논리를 펴고 있다. 정부의 주장대로 집값과 비교한 세금, 즉 실효세율은 미국의 절반 정도 밖에 되지 않는다.

그러나 미국에서는 집을 사면서 빌린 돈의 이자는 물론 보유세까지 소득공제를 받는다. 집값의 절반 이상을 모기지Mortage로 빌려서 사는 미국의 상황을 고려할 때 이자에 대한 소득공제는 굉장한 혜택이다. 이렇게 되면 미국과 한국에서 약 6억 원대 집을 가지고 있을 경우 미국인은 400만 원가량, 한국인은 200만 원가량의 보유세를 내지만, 미국인은 각종 소득공제를 통해 700만~800만 원의 세금을 덜 내기 때문에 결과적으로 300만~400만 원의 소득을 챙기는 셈이다. 반면 한국인은 200만 원을 고스란히 세금으로 납부해야 한다.

근로소득세도 마찬가지다. 고소득층에 대한 미세한 소득 감면도 이른바 서민 정서를 고려한다며 정부나 정치권이 벌벌 떨고 있지만, 사실 국가를 먹여 살리는 것은 고소득층이다. 그동안 서민을 위한다는 명목으로 갖가지 소득공제를 실시했지만, 연말정산에서 돌려받는 세금을 감안하면 세금을 전혀 내지 않는 면세 근로자가 전체 근로자의 절반을 넘어서고 있다. 그리고 세금 한 푼 내지 않는 그들은 물정도 모른 채 고소득층에게서 세금을 더 거두라고 아우성친다. 고소득층 입장에서는 그야말로 적반하장도 유분수지, 서민과 정부의 소행이 여간 괘씸한 게 아니다. 이런 갖가지 조작들은 계층 간 갈등을 조장하고 사회적 시너지를 감퇴시킨다. 그것은 불순한 정치 논리의 효과적인 수단이다.

시기심은 국민들을 영양실조로 몰아간다

평등은 좋은 이상이지만, 삶은 평등하지 않은 것이 현실이다. 그리고 그것은 우리가 수용한 시장경제의 필연적 결과다. 양극화는 개선이 필요한 과제이지, 처음부터 막아야 하고 막을 수 있는 문제가 아니다. 시장경제의 가장 좋은 모습은 이른바 '능력에 따른 평등' 이다.

시기심이나 위화감이 포퓰리즘의 좋은 소재라는 것을 이제는 국민도 알아야 한다. 포퓰리즘은 일시적이고 감정적인 포만감만 안겨줄 뿐, 종국에는 전 국민을 영양실조로 몰아간다. 시기심과 위화감을 조성하는 이전의 정권에서 서민이 얻은 것이 무엇인지 곰곰이 생각해 보자. 그것은 상대적 박탈감과 궁핍, 그리고 양극화의 확대였다.

05

네가 하면 나도 한다

다른 의견은 있을 수 없다

미국에 1년 갔다 와서 가장 크게 놀란 것은 내비게이션의 대중화다. 서울의 모습이야 별로 변한 게 없었지만, 길거리를 달리는 거의 모든 차량에 달려 있는 내비게이션은 충격이었다.

미국에 있을 때 여행을 다니면서 내비게이션의 효용가치를 일찌감치 실감한 바 있다. 아무리 캄캄한 밤이라도 대낮같이 안내해 주니 낯선 곳으로 여행을 가도 두렵지가 않았다. 그런데 한국의 내비게이션은 미국의 것보다 성능이 훨씬 뛰어나면서 가격은 절반 수준이었다. IT코리아의 위상을 실감하는 대목이었다.

주변을 둘러보니 내비게이션 사업에 뛰어든 친구도 있었고, 주가가 불과 1년 전에 비해 서너 배 급등한 내비게이션 업체도 수없이 많았다. 내비게이션에 쏠림 현상이 나타난 것이다.

우리에게 쏠림 현상은 익숙하다. 지난 2002년 월드컵 때 "대~한민국!"을 외치며 모여든 수십만의 인파도 그런 것이며, 그보다 앞서 IMF 환란 때 수백만 국민이 나라를 살리겠다며 금 모으기에 동참한 것도 애국심의 쏠림에 따른 것이다. 영웅이 없던 한국에 '황우석'이란 걸출한 영웅이 탄생하자 남녀노소 지위고하를 막론하고 온 국민이 떠받들던 것도 같은 이유다.

쏠림은 우리나라의 동력이기도 하다. 그러나 과도한 관심과 힘의 집중은 필연적으로 시장에 공급과잉을 불러오고, 자원이 적재적소에 쓰이지 못한다. 그러다 보니 한때의 시너지가 순식간에 붕괴되어 부작용이 속출한다.

요즘은 월드컵 때 보여준 단결과 시민의식을 좀처럼 찾아볼 수 없다. 선수끼리 또는 관중과 선수가 난투극을 벌이는가 하면, 한때 수십만 명이 지나가도 깨끗하던 도로와 관중석이 이제는 수천 명만 다녀가도 쓰레기장으로 변한다. 뒤늦게 뛰어든 내비게이션 업체들이 속속 부도를 내고 부도난 업체에서 만든 내비게이션을 산 소비자는 수리를 못해 발을 동동 구른다. 밀물과 썰물 같다. 물때를 잘못 읽고 뱃놀이를 즐기러 나온 수많은 사람들이 물 빠진 갯벌 위에 배를 세워놓은 격이다.

우리의 유행은 토네이도 같다. 한번 몰아치면 모든 것을 휘감아버린다. 그리고는 순식간에 사라져 버린다. 황당하다고 느끼면서도 매번 반복된다. 비판도 있지만 쏠림에 따른 집단적 시너지는 우리가 세계와 경쟁할 수 있는 강점이다. 그러나 이제는 브레이크를 달아야 할 때가 되었다. 급발진을 막기 위해 시프트록도 장착해야 한다. 그냥 내달리다가는 굽은 도로에서 낭떠러지로 떨어질 수 있다.

누 떼의 행진 같은 아이비리그 열풍

2년 전 미국 연수를 위해 가족과 함께 미국행 비행기에 탔을 때, 딸아이의 이름을 부르는 소리를 듣고 깜짝 놀랐다. 딸아이의 친구들 몇이 엄마와 함께 비행기를 탄 것이다. 그들은 어학연수를 위해 미국에 한 달씩 머문다고 했다. 대학생의 어학연수가 이미 일반화된 지 오래되었지만, 초등학생, 중학생의 어학연수 붐도 대단하다는 걸 실감했다. 어떤 곳은 한 반 학생의 3분의 2가량이 해외 어학연수를 다녀오고 거기에 끼지 못한 아이들과 그 부모가 속상해한다는 이야기는 과장이 아닌 셈이다.

연수 붐도 일었지만 그 전에 유학은 더하다. 미국 내 한국인 유학생 수는 세계 1위다. 대략 10만 명의 유학생이 미국에서 공부하고 있다. 우리보다 인구가 수십 배나 많은 중국과 인도도 제쳤다. 대만이나 일본 유학생은 우리의 절반을 밑돈다.

예전처럼 미국 유학생을 대접하는 시대는 지났지만 선별된 몇 개 대학, 특히 아이비리그 진학에 대한 열정은 예전보다 훨씬 강하다. 세계화에 눈을 뜨고 한국의 교육 현실에 염증을 느끼면서 한국이 좁다고 생각하는 부모에게는 자녀를 아이비리그에 보내는 것이 최상의 꿈이 되었다. 그래서 많은 수재들이 서울대가 아니라 아이비리그 진학을 꿈꾼다. 그리고 민족사관학교를 비롯한 사립고나 특목고에서 그해에 아이비리그 합격생을 몇 명 배출했다는 소식이 주요 언론에 소개되고, 꿈을 이룬 부모들은 더할 나위 없는 성취감에 뿌듯해진다. 그들 앞에서 서울대나 연·고대 따위는 아무것도 아니다.

줄잡아 연간 1억 원이 든다는 아이비리그 진학. 들어갈 수만 있다면 10억 원이라도 쓰겠다는 사람들이 줄을 섰지만, 투자한 만큼 효용가치가 있는 것일까. 언젠가 삼성 구조조정본부의 이순동 사장에게 아이비리그 졸업생의 효용가치를 물어본 적이 있다. "채용 때 가산점을 줍니까?"라고 묻자 그는 이렇게 답했다.

"아이비리그 졸업생에게 왜 가산점을 줘야 되죠? 아이비리그 졸업장만 보고 그가 다른 신입사원보다 더 나은 자질이 있다고 단정할 수 있나요? 한때 아이비리그 졸업생을 중용한 적도 있지만 그들이 배운 지식이 한국 실정에 맞지 않는 경우가 많았습니다. 우리 기업의 규모나 구성원의 자질로 볼 때 단지 아이비리그를 나왔다고 남보다 더 좋은 자리를 주거나 중용할 이유는 전혀 없습니다."

이런 대답을 듣자 조금 허탈한 마음에 "그래도 아이비리그 졸업생인

데 유리한 점이 없다는 게 말이 되냐"고 확인하듯 되물었다. 이 사장은 "미국에서 삼성이 현지 채용할 때는 유리하겠네요. 일단 두뇌는 검증되었고 무엇보다 영어와 한국어 둘 다 잘하니까요"라고 말했다.

한국어를 잘하기 때문에 현지 채용에 유리한 정도가 아이비리그 졸업장의 가치라면 그 엄청난 비용과 노력을 선택할 이유가 있을까.

미국 연수 기간 중에 한국에서 아이비리그에 유학 왔거나 교포 2, 3세로 아이비리그에 들어간 친구를 몇 명 만난 적이 있다. 그런데 그들은 걱정이 많았다. 졸업 후 한국으로 돌아가야 하는데 마음에 차는 직장을 찾지 못해서였다. 또 교포들 자녀, 즉 미국시민권을 가진 이들도 아이비리그 입학 때 받던 찬사만큼 장래가 순탄대로인 것은 아니었다.

미국에서 학벌 좋은 한국인이 걷게 되는 길을 비슷하다. 좋은 기업에 들어갈 수 있지만 고위층까지 올라가기는 무척 힘들다. 변호사가 되더라도 메인 변호사보다는 법정에 들어가지 않고 자료만 챙겨주는 보조 변호사에 그치는 경우가 많다. 엄청난 학비와 공부 끝에 의대를 나와도 인기 있는 정신과나 안과 등은 엄두도 못 내고 재활의학과나 가정의학과 등으로 빠지는 경우가 대부분이다.

많은 부모와 자녀들이 아이비리그에 목을 매고 수많은 유학원과 언론이 아이비리그 입학에 대한 환상과 꿈을 부추기고 있지만, 정작 아이비리그 졸업생들의 성공에 대한 정보는 거의 없다.

예일대학교 법과대학원 학장을 지내고 있는 고홍주 씨나 SK텔레콤 최연소 임원이었던 윤송이 씨의 성공담이 있기는 하지만, 그들은 말 그대로 스타이기에 언론에 이름이 나는 것이다. 아이비리그를 나와도 미국에서 크게 성공하기는 하늘의 별 따기다. 거기선 치열한 경쟁과 함께 인종의 벽도 뚫어야 하기 때문이다.

지금 한국에는 만약 자녀가 아이비리그에 들어갈 수만 있다면 온 가족이 희생을 각오하겠다는 부모가 줄을 잇는다. 아이비리그를 꿈꾸는 전 단계로 초·중·고생의 조기 유학이 줄을 잇고 있고, 그만한 여력이 없는 부모들은 한 달에 500만~600만 원씩 드는 단기 어학연수를 위해 빚까지 내어가며 아이들을 미국으로 보내고 있다.

이는 마치 아프리카의 누gnu 떼가 악어가 우글거리는 강물로 선두를 따라 무조건 전진하는 모습과 비슷하다. 묻지도 않고 생각하지도 않으면서 오직 모든 이가 한 방향으로만 행진한다.

"사회 각계각층의 리더들이 아이비리그 출신이 아니냐"며 아이비리그 폄하에 반론을 제기할 수도 있다. 그러나 거기에는 약간의 오해가 있다. 정부 고위직 중에 아이비리그 출신이 많다고 하지만 그들은 국내에서 대학을 졸업한 뒤 고시에 합격하고 공직생활을 하면서 국비로 유학을 갔다 온 경우가 대부분이다. 아이비리그를 나온 뒤 귀국해 고시에 합격하고 승승장구한 것은 아니란 이야기다.

아이비리그 출신이면 국내 어떤 대학이든지 감읍하며 교수로 받아주던 시대가 끝난 지는 이미 오래다. 기업은 직원들 중 실력 있고 전도유망한 이들을 뽑아 해외 유명대학에서 유학할 기회를 제공한다. 국내 기업에서 승승장구하려면 아이비리그 졸업 후 입사하는 것보다 입사

후 아이비리그 유학을 택하는 편이 훨씬 나을지 모른다.

누 떼의 근성은 좋은 길로 몰릴 때는 집단에게 충분한 목초와 안식처를 제공하지만, 그렇지 않을 때는 악어가 들끓는 강물이나 풀 한 포기 없이 메마른 사막에 이를 수가 있다. 좋은 길을 보는 안목을 갖고 그 길에 동참할 때 함께 나누기에 부족함 없는 과실을 얻을 수 있다.

Bunua
Buta
soko
Kisa
(Stanl
bundi
R
Kindu
Kasongo
Kongolo
Kaba
da Kanda
mina
Bukama
olwezi
Lubum
ZA
Lus
gu
Pem
Kalom
Maramba
ZI
Salt Pan
mi
Francisto
SWA
Serowe
alahari
Desert
orone
eking
Pret
ohannesb
rg
n
rley
nfontein
R M

세계에서 통하는
고품격
한국인의
조건

문을 열며…

수많은 과잉의 요소에도 불구하고 우리는 이제 선진국의 문턱에 서 있다. 그러나 아쉬운 점이 있다. 하드웨어와 소프트웨어가 균형을 이루지 못하고 있다는 점이다. 지금 한국은 하드웨어로는 선진국에 가깝지만, 그것을 움직이는 의식에서는 여전히 넘어야 할 과제가 많다.

선진국의 국민은 품격이 있어야 한다. 세계인의 기준에 부합하는 공중도덕의 준수, 다양한 문화와 인종에 대한 배려 등에서 우리는 여전히 부족하다. 우리가 고수해야 하는 이념에 대한 혼란과, 개방화를 거스르는 국수주의 등의 함정도 여전히 피할 수 없다. 목표와 그 목표를 향한 감성의 불합치 현상도 심각하다. 부자가 되고 싶어 하면서도 부자를 싫어한다. 권력과 명예를 원하면서도 공직자와 정치인을 혐오한다.

이제는 부족한 소프트웨어를 업그레이드해야 한다. 불협화음을 조율해서 조화로운 소리를 내야 한다. 좋은 하드웨어를 갖고도 그것을 운용할 소프트웨어가 없다면 불구가 될 수밖에 없다. 한국과 세계, 한국인과 세계인 사이의 간극을 메워야 진정한 일류국가와 선진시민이 완성된다. 따라서 우리가 보완하고 바꿔야 할 특성이 무엇인지를 따져보는 것은 의미 있는 일이다.

세계인의 기준을 지켜라

진돗개는 공중도덕을 안 지킨다?

언젠가 독일에서 한국으로 귀화한 어떤 이가 한국인의 특성을 개에 비유한 것을 들은 적이 있다. 그는 독일의 셰퍼드와 한국의 진돗개를 빗대어 양국 국민의 성향을 분석했다. 진돗개나 셰퍼드 둘 다 개별적으로는 특유의 장점이 있는 국견國犬이지만, 함께 모아놓고 사육해 보면 집단행동에서 큰 차이가 난다고 했다.

"우리에 가두어놓았다가 운동을 시키려고 문을 열어주면 셰퍼드는 힘에 의해 정해진 서열에 따라 질서정연하게 빠져나와요. 그런데 진돗개는 다릅니다. 평소에 보면 분명 서열이 있는데도, 좁은 구멍으로 서로 빠져나오려고 싸우고 밀쳐내고 아수라장이 됩니다."

실제로 그런 실험을 했든, 아니면 한국인에 대한 적절한 설명을 위해 가상의 예를 들었든 진돗개를 한국인에, 셰퍼드를 독일인에 비교한 그의 견해는 설득력이 있었다. 사회생활 속에서 한국인에게는 정말이지 진돗개와 같은 측면이 있다. 선진 국민들에 비해 상대적으로 공동생활을 위해 만들어진 규범이나 공중도덕, 원칙을 제대로 준수하지 않는 것이다.

1퍼센트의 엘리트 한국인도 품격이 모자란다

미국에서 여행을 많이 하다 보면 유명 관광지에서 중국인의 무례함에 질릴 때가 많다. 그들은 어느 곳을 가도 시끄럽고 상대를 배려할 줄 모르며 공중도덕을 지키지 않는다. 몇 번 겪어보면 중국인이 있는 근처에는 가고 싶지도 않을 정도다. 그러나 이런 생각을 입 밖에 냈다가는 '개구리 올챙이 시절 모른다'는 핀잔을 들을 수도 있다. 한국인의 공중의식도 아직 '완전한 개구리'가 아니라는 판단 때문이다.

미국 연수 시절에 친구들과 함께 골프장에 가던 길이었다. 아름다운 경치를 즐기며 편도 1차선의 좁은 진입로를 가고 있는데 갑자기 뒤에서 좀처럼 듣기 힘든 날카로운 경적소리가 들렸다. 잘못한 게 없어 그대로 운행하는데, 급기야 전조등까지 백미러를 강타했다.

그 순간, '한국 사람이구나' 하고 직감했다. 경적과 전조등을 동시에 날릴 사람은 한국인밖에 없다는 판단에서다. 골프장에 도착해서 한마디 쏘아붙이려고 다가가니 한국의 공무원 연수생이었다. 공교롭게도 그 옆에는 내가 아는 교수와 판사가 타고 있었다. 민망함이 교차했다.

내가 살던 연수지 주변의 한국인 구성원들은 직업별로 보면 판·검사와 공무원, 의사, 변호사, 교수, 기자 등 한국에서 보면 '잘난 사람들'이었다. 게다가 나름대로 치열한 경쟁을 뚫고 연수를 온 사람들이었다. 어떻게 보면 대한민국 1퍼센트의 사람들이라고 볼 수 있다. 그러나 그들의 공중의식은 세계적 수준이 아니었다. 일부 한국인이 집 수리비를 내지 않고 떠나는 사례가 늘자 한국인에게 보증금을 두 배로 받는 아파트가 늘었다. 수거비 내기가 싫어서 밤에 몰래 가구를 숲에 버리고 가는 얌체도 있었다.

미국 학교에서도 선생님들이 손이 달리다 보니 학부모에게 자원 봉사를 요청하는 경우가 많다. 그러나 영어가 짧다는 이유로 자원 봉사를 외면하면서 매일 같이 골프장으로 출퇴근하는 한국인 학부모들의 모습은 미국인에게 매우 이기적인 민족으로 비친다. 하루가 멀다 하고 가든파티를 열어 소음과 냄새로 주변을 잠 못 들게 하기도 한다. 돌이켜보면 필자도 이런 모든 일에 대해 마음이 편치 않다. 이른바 양식 있는 한국인 엘리트 계층도 중산층 미국인이 볼 때는 여전히 개도국의 의식 수준을 가진 것이다.

미국에서 월세 아파트를 구해 보면 일본인이 살던 집은 인기가 있다. 관리사무소에서 기본적인 수리를 해서 다음 사람에게 넘기는데도, 일본인은 자기 돈을 들여 추가로 수리를 하는 경우가 많다고 한다. 왜냐하면 자기가 잘못하면 일본인 전체가 욕먹기 때문이란다. 그들은 중고차를 팔 때도 그렇게 한다.

선진의식은 거저 길러지는 것이 아닌 듯하다. 역사에 지름길이 없듯, 의식의 발전도 노력과 시간이 필요하다는 것을 1년간의 연수를 통해 절실히 느꼈다.

대마도는 한국인을 싫어한다

요즘 대마도에는 한국인 관광객을 사절한다는 공고를 내건 식당이 많다고 한다. 이유인즉 한국인 관광객들이 큰소리로 떠들거나 과음을 하고 취중 난동을 부리는 일이 잦다는 것이다. 심지어 대마도가 한국 땅이라며 일본인 종업원에게 시비를 거는 사람도 있다고 한다. 그러다 보니 씀씀이가 큰 한국인이 그들의 매상에 크게 기여하는데도 차라리 손님을 받지 않겠다고 천명한 것이다. 참으로 부끄러운 일이다.

세계 유명 관광지나 유적지에 가보면 벽이나 난간, 바위 등에 쓰인 낙서에 빠지지 않는 것이 한글이다. 자신이 왔다 갔음을 알리는 것은 세계 모든 인종이 느끼는 정복욕의 표현인 듯하다. 그러나 그럴 때 보이는 한글은 그리 밉지 않다. 오히려 반가운 느낌에 혹시 내가 아는 사람이 아닐까 자세히 들여다보기도 한다. 애교로 봐줄 수 있는 것이다. 그러나 많은 사람들이 모인 식당이나 호텔에서 소란을 피우거나 골프처럼 예의를 지켜야 하는 운동에서 트레이닝복을 입고 설치는 행동은 한국인 전체의 품격을 떨어뜨리는 짓이다.

유럽 여러 나라를 거쳐 미국에 정착한 한 교포 사업가는 한국인의 가장 큰 단점을 묻는 질문에 이렇게 답했다.

"다른 것은 모르지만 아직 선진국 사람들만큼 품격을 갖추지는 못했다고 생각합니다. 무엇보다 타인에 대한 배려와 공중도덕의 준수가 아직 많이 부족합니다."

많은 국제 행사를 치르면서 화장실 줄 서기도 많이 좋아졌다고 하지만, 명절 때 고속도로 휴게소 화장실을 들여다보면 여전히 아수라장이다. 앞서 가는 사람 따라 빌딩 문을 열고 들어설 때는 앞으로 열렸던 문이 뒤로 치고 나오는 걸 조심해야 한다. 목욕탕에서 수건을 들고 욕탕에 들어가는 모습은 아직도 흔한 모습이다. 할인점에서 카트로 남의 발뒤꿈치를 찍고도 사과는커녕 멀뚱멀뚱 얼굴만 쳐다본다.

한 사업가는 우리 국민들의 품격을 두고 "아직 멀었다"며 자신의 경험담을 이야기했다. 최경주 선수를 비롯한 세계 유명 골퍼들이 참가하는 골프대회가 국내에서 열렸다. 유명 선수들의 경기를 보려고 수천 명의 갤러리가 골프장에 몰려들었다. 유명 골프대회에 갤러리로 올 정도의 사람이면 돈도 있고 여유도 있는 상류층이라고 볼 수 있을 것이다. 골프가 대중화되었다지만 국내에서 아직 골프를 대중 스포츠로 인식하기는 힘들다.

그런데 문제가 생겼다. 티샷을 할 때나 퍼팅샷을 할 때 꼭 휴대폰 소리가 울리거나 기침을 하는 등 선수들의 집중력을 흐리는 일이 발생한 것이다. 이런 행태에 익숙한 최경주 선수만 아랑곳없이 퍼팅을 했을 뿐, 다른 외국 선수들은 몇 번이나 호흡을 가다듬어야 했다고 한다.

작은 배려지만 결정적인 순간에 좋은 이미지를 만드는 것이 바로 이런 매너다. 우리는 작지만 의미 있는 매너에 아직 익숙하지 않다. 일본이나 미국에서 얼마간 살다가 귀국한 한국 사람들이 느끼는 불편함은 바로 이런 배려와 공중의식의 부족 탓이다.

선진국 사람들이 줄 서기라는 가장 단순한 공중의식을 익히는 데 100년이 걸렸다고 한다. 우리도 시간이 필요한 모양이다. 그러나 '동방예의지국' 이란 칭호에 걸맞은 모습을 보이려면 그 시간을 남보다 단축할 필요가 있다.

사마천의 《사기》에는 "곳간이 가득 차야 백성이 염치를 안다"는 말이 나온다. 선진국의 척도로 불리는 OECD에 가입한 것이 오래전 이야기이고 최근에는 1인당 국민소득이 2만 달러를 넘어섰다. 국가 경쟁력과 경제 규모도 세계 10위권 안팎의 힘을 가진 나라가 코리아다. 이만하면 곳간이 찼다고 할 수 있지 않을까?

더치페이가 더 인간적이다

우리가 서양보다 더 인간적이라고 선입견을 가지고 있는 것 중 하나가 술자리나 식사 때의 '지불 문화' 다. 서양 사람들이나 일본 사람들은 음식을 먹고 나면 보통 더치페이Dutch pay를 한다. 아무런 스스럼없이 제

몫의 돈만 지불하고 나간다. 본인이 요금을 전부 계산하고 싶을 때는 그 이유를 설명하고 돈을 낸다.

그러나 우리에게 더치페이는 왠지 '야박한 문화'로 보인다. 친구끼리 또는 아는 사람끼리 그렇게 계산적이고 인정머리 없이 굴 필요가 있느냐고 생각한다. 후배나 아랫사람과 만나면 항상 선배나 윗사람이 비용을 지불한다. 그러다 보면 좋은 만남도 항상 누군가에게는 부담스러운 일이 된다.

정말 기분 좋은 일이 있을 때를 제외하면, 밥값이나 술값을 혼자 한꺼번에 내면서 즐거워하기는 정말 힘들다. 그래서인지 만남의 자리가 끝나갈 무렵이 되면 개성 따라 갖가지 회피 작전에 들어간다. 꼭 계산할 무렵에 화장실에 가는가 하면, 술 취한 척하기도 하고, 다른 약속이 있다고 먼저 가기도 하며, 자리에서 가장 늦게 일어나 다른 사람이 계산대 앞에 먼저 서기를 기다리기도 한다. 조금 전까지 떠들며 즐겁게 놀던 모습은 사라지고 치열한 눈치작전이 전개되는 것이다.

그 결과 후유증도 크다. 한 달 또는 몇 달치 용돈을 다 날렸다며 속상해한다. 그 사람은 절대 계산하는 법이 없다는 생각이 들면 다음에는 그를 만나고 싶지도 않다. 사람을 만날 때 누가 계산할 것인가를 미리 '계산' 하고 만나게 된다. 참 피곤한 일이다. 이렇게 되면 우리가 인간적이라고 생각하는 '단독 지불 문화'가 인간성을 해치는 요인이 된다. 차라리 마음 편하게 각자 자기 몫을 내는 서양의 시스템이 인간미 유지를 위해 훨씬 더 좋은 셈이다.

한 사람이 전체 몫을 부담하면, 그가 설령 자발적인 의사표시를 했더라도 부담의 무게 탓에 불편함과 서운함이 생기게 마련이다. 즐거움이든 슬픔이든 부담이든, 나누는 것이 훨씬 긍정적인 결과를 낳을 때가 많다. 특히 그것이 '부담'일 때는 특별한 경우가 아니라면 여러 사람이 분배하는 것이 좋다.

부담은 여럿이 나눠서 해소해 버리면 부담으로 남지 않을뿐더러, 다음에 만날 때도 부담스러운 마음이 없다. 그러나 한 사람이 떠안는 '단독 부담'은 모든 사람이 서로 눈치 보게 하면서 겉으로는 "내가 낼게"하는 위선의 수레바퀴를 돌리게 한다. 우리가 인간적이라고 내세우지만, 그 속에 불편함이 깔려 있는 것들은 가급적 빨리 버리는 것이 좋다. 우리의 체면 문화는 때로 인간성을 해친다.

'절제 있는 이기심'을 길러라

이기심을 절제하는 것도 선진시민이 가져야 할 덕목이다. 인간은 본능적으로 이기적인 존재다. 그러나 그것을 상황에 따라 절제하면서 상부상조의 효율을 깨닫는다. 그리고 이타심이라는 더 높은 차원의 가치를 깨닫기도 한다. 그런데 우리에게는 이기심을 절제하지 못하는 단면이 아직 곳곳에 깔려 있다.

최근 태안 기름유출 사고 현장에 다녀온 후배 기자에게 들은 이야기다. 사상 최악의 기름유출 사고 현장에는 수많은 자원 봉사자들이 피해 복구에 나서고 있었다. 기름을 수거하는 작업팀도 있었고 뒤에서 그들을 지원하는 의료팀이나 부식 지원팀도 있었다.

차가운 겨울바람 속에서 벌이는 고된 작업은 에너지 소모가 많았다. 한 자원 봉사 단체에서 따뜻한 아침식사로 미역국을 제공해 사람들에게 큰 호응을 얻었다. 그러나 얼마 지나지 않아 중간에 그만두고 말았다. 모두가 환영하는 식단이었지만, 일부 지역주민들의 반발에 부딪친 것이다. 내용인즉 "자원 봉사자들에게 식사라도 팔아서 손실을 메워야 하는데 자원 봉사 단체가 무료로 식사를 제공하니 장사를 할 수 없다"며 몇몇 상인들이 반발한 것이다.

자신들을 위해 일상을 제쳐놓고 겨울바다에서 고군분투하는 자원 봉사자들을 대상으로 커피 한 잔 무료로 대접하기는커녕 손실을 메우는 '봉'으로 생각하는 상혼을 어떻게 이해해야 할까. 앞으로 몇 년간 장사를 망쳤으니 그럴 수 있는 일이라고 생각하는 사람들은 거의 없을 것이다.

절제 없는 이기심은 상대에게 배신감을 안겨준다. 그런 이기심에 눈 먼 사람들은 신의와 배려의 중요성을 모른다. 그들은 눈앞의 작은 이익에 집착하다 멀리 있는 큰 이익을 놓치고 만다.

절제 없는 이기심은 천민자본주의와 일맥상통한다. 돈을 벌기 위해 수단과 방법을 가리지 않는 것이다. 서민들은 부의 정당성을 명분으로 부자들을 미워하지만, 그럴 자격이 없는 사람들도 우리 주위에는 많다.

경제력에 걸맞은 품격이 필요하다

품격 있는 행동은 어떤 것일까? 오래전 필자를 포함한 기자단이 유럽을 방문했다가 한국 대사관의 초청을 받은 적이 있다. 그런데 기자들은 대개 대사관 방문을 달갑게 생각하지 않는다. 불편하기 때문이다. 외교관들의 교양 있는 행동을 따라하기에는 너무 '거칠게' 살아온 탓이다.

식사 전에 가볍게 포도주를 한잔 하는 시간이 있었다. 대사가 포도주에 대해 장황하게 설명했다. 들어도 기억하기 힘든 포도주의 종류와 맛에서부터 레드냐 화이트냐에 따라 달라지는 잔 쥐는 방법, 두 손으로 잔을 받는 게 오히려 예의가 아닌 포도주 예법 등 지금 생각하면 별것 아닌 것 같지만 당시에는 매우 새로운 문화적 팁이었다.

그러나 그저 폭탄주가 편했던 기자들에게는 그런 이야기들이 빨리 지나갔으면 하는 수학시간과 비슷했다. 개중에 참을성 없는 기자가 한 명 있었다.

"그만하시고 그냥 폭탄주나 한잔 돌리죠."

대사관 직원을 비롯한 몇몇 사람들이 민망함에 얼굴을 붉혔지만, 대사는 이렇게 맞받아쳤다.

"포도주를 맛보고 난 뒤에 마시는 폭탄주는 맛이 일품이랍니다. 제가 오늘 여러분께 그 맛을 보여드리려고 포도주 강의를 길게 한 겁니다."

어색한 분위기를 유연하게 넘기려는 재치가 돋보였던 답변이었다. 결론적으로 말하면 한국 기자들은 대사관급의 품격을 갖지 못한 것이었다. 수준 높은 문화를 즐길 줄 아는 매너와 안목이 없었고, 상대방을 위해 다소 불편함을 참는 배려도 없었던 것이다.

사람은 자기 격에 맞는 곳에 있을 때 편안함을 느낀다. 자신이 가진 품격을 훨씬 웃도는 곳이나 미흡한 곳에서는 불편하다. 그러나 환경이나 목표가 바뀐다면 품격도 바뀌어야 한다. 1등 국가가 되었으면 그에 걸맞은 국민의 품격을 가져야 한다. 처음에는 불편하지만 잠시 고생하고 나면 익숙해지고 편해진다. 마치 신입사원으로 직장에 입사한 뒤 처음 입어보는 양복의 느낌일 것이다. 언뜻 생각하면 캐주얼 복장이 편할 것 같지만 매일 매일 무엇을 입을까, 아래 위를 어떻게 코디할까, 신발은 뭘 신을까 하고 고민하기보다는 차라리 양복 입고 구두 신는 것이 편하다.

품격을 높여야 높은 품격을 가진 사람들과 사귈 수 있고 경쟁할 수 있다. 이제 우리의 경쟁 상대는 개도국이 아니라 선진국이다. 선진국들은 그들의 품격에 맞는 상대를 원한다. 품격은 경쟁의 조건이기도 하다. 격에 맞지 않는 상대와 싸우는 것은 시쳇말로 '쪽 팔리는' 일이다. 선진국들은 자신의 격에 맞는 경쟁 상대를 원하고 이제 우리는 원하든 원치 않든 그들과 경쟁해야 하는 자리에 서 있다.

품격 있는 국민은 품격 있는 지도자를 원한다

선거 때만 되면 그 잘난 정치인들이 무섭게 서민적으로 변한다. 표를 얻기 위한 그들의 변신은 놀라울 따름이다. '서민적' 이란 표현은 우리 사회에서는 일견 절대적인 가치 덕목으로 보인다. 아무리 잘났더라도 '서민적'이라는 수식어가 붙으면 잘남이 배가 되고, 잘난 이가 잘난 척하면 그 탁월함이 크게 절하된다.

그러나 서민이라고 품위가 없는 것은 아니다. 다시 말해 서민적인 것이 상스럽다는 의미는 아니다. 서민적인 지도자는 서민의 생각에 공감하고 그들의 삶을 진정으로 이해하는 사람이다.

그런데 착각하는 지도자들이 있다. 상스러운 말을 쓰고 즉흥적으로 표현하며, 조금 뒤를 생각하지 않는 인기 발언만 일삼으면서 자신이 서민의 지도자임을 강조한다. 강대국과 맞짱 뜨자며 국민에게 일시적으로 자존심을 키워주더니, 얼마 못 가 그 강대국의 기세에 눌려 갖은 손해를 유발하고 아첨을 한다.

품위 없는 지도자는 국민의 자존심을 상하게 한다. 처음에는 소탈함으로 착각해 신선하다고 볼지 모르지만 시간이 지날수록 피곤해지고 부끄러워진다. 품위 없는 지도자보다는 차라리 조금 귀족적인 지도자가 훨씬 낫다. 전자는 당장 입에 단 이야기로 국민들의 호응을 얻을 수 있지만, 후자는 입에 쓴소리로 미래를 기약한다.

국민은 당장의 기분보다는 미래의 약속이 낫다는 걸 나중에야 알게 된다. 그러나 거기에는 비용이 든다. 역사에 지름길이 없다는 말처럼, 겪어봐야 안다. 나보다 나은 지도자는 당장의 작은 이익보다는 미래의 큰 이익을 안겨줄 수 있다.

품격 있는 국민들은 품격 있는 지도자, 나보다 잘난 지도자를 뽑고 따라야 한다. 선견지명과 통찰력이 있으면서도 세계 어디에 내놔도 국민이 부끄러워하지 않을 지도자를 만들어야 품격 있는 나라를 가꿀 수 있다.

다인종, 다문화의 나라 한국

최근 국내 외국인 체류자 수가 100만 명을 넘어섰다. 100만 명이면 수원시나 울산시 인구와 맞먹는다. 외국인만 모두 모여도 광역시 하나를 만들 만한 인구가 된 것이다. 실제로 대도시뿐만 아니라 한적한 시골을 가더라도 어디든 외국인이 살고 있다. 위로는 다국적 기업의 직원이나 공무원, 언론의 종사자들이 있고, 아래로는 우리나라 사람들이 외면하는 3D업종의 근로자들이 우리 경제의 한 축을 떠받치고 있다.

결혼하기 힘든 농촌 총각들은 속속 동남아나 중국 등지에서 외국인 신부를 데려오고 있다. 농촌 총각 열 명 중 네 명은 외국인 여성과 결혼하며 그들 사이에 난 아이들도 크게 늘고 있다. 국가 전체로도 전체 결혼 건수의 10퍼센트 이상이 국제결혼이다. 예전에는 생소했던 이런 모습도 이제 새롭지 않다. 어느새 우리나라는 다인종, 다문화가 함께 하는 국가가 된 것이다. 그러나 현실이 이러한데도 다른 인종을 바라보는 우리의 시선은 아직 싸늘하다. 불편해하고 경계하며 그들의 출신 국가에 따라 대접을 달리한다.

우리 국민은 자존심이 아주 세다. 그래서 외국에서 받는 대접에 매우 민감하다. 조금이라도 차별하는 기미가 보이면 크게 상심하고 반발한다. 그런데 남을 대할 때는 역지사지의 마음이 별로 없다. 미혼의 한국 여성들은 일본이나 미국에서 출입국 절차를 밟을 때 유독 많은 시간이 걸린다. 해당 국가의 출입국 사무소 직원들이 한국 여성을 불법 체류자, 더 심하게는 매춘을 일삼는 여자로 의심하기 때문이다.

우리는 이런 사실에 자존심이 상하고 분개한다. 그러나 동남아나 러시아 등 우리보다 상대적으로 못 사는 나라의 젊은 여성들에 대해 앞뒤 따지지 않고 '술집 여자' 대하듯 한다. 언젠가 TV에서, 한국에서 한국인 남자와 결혼해 단란한 가정을 꾸리고 있는 외국 여성들의 이야기를 본 적이 있다. 우즈베키스탄 출신의 한 여성은 이렇게 말했다.

"낮에 대로를 걷고 있으면 지나가는 젊은 남자들이 반드시 한 번은 추근댑니다. 같이 놀자고 하고 심지어는 얼마면 되냐고 합니다. 그러다 보니 밖에 나갈 때는 남편과 함께 나가거나 아이 손을 잡고 가요."

그녀는 말을 이었다.

"남편과 같이 걸어가면 사람들이 곱지 않은 시선으로 쳐다봐요. 그 눈길의 의미를 알죠. 그럴 때 남편에게 참 미안한 생각이 들어요. 남편은 오히려 저한데 미안하다고 하죠. 또 아이가 밖에 나가서 놀림을 받고 오면 그것도 속상해요."

그 여성의 검게 탄 속마음이 어눌한 한국말에 그대로 배어나왔다.

곧이어 나온 러시아 여성의 이야기는 더 충격적이었다. 그녀는 강도에게 얻어맞아 온몸이 피투성이가 되어 응급실을 찾았는데, 응급실 간호사와 의사들이 자신을 외국인 창녀로 생각하면서 치료를 기피하고 박대하더란 것이다. 겨우 다른 병원을 찾아 치료를 받았지만, 병원을 전전하는 사이에 출혈이 너무 심해 죽을 고비를 넘겼다며 아픔을 토로했다.

싫든 좋든 우리는 다인종 다문화를 수용해야 하는 국가가 되고 있다. 그런 현실 속에서 우리와 다르다는 이유로, 우리보다 못 산다는 이유로 외국인에게 불편함을 주는 나라는 선진국이 아니다.

유엔마저 한국의 인종차별적 현실을 인지하고 권고하는 상황은 예사롭지 않다. 유엔인종차별철폐위원회는 "한국이 다민족적 사회를 인정하고 단일민족이란 국가 이미지를 극복해야 한다"고 점잖게 충고했다. 명색이 선진국 진입을 운운하는 마당에 인종차별적 국가 이미지는 부끄러운 일이 아닐 수 없다.

선진국이라고 차별이 없는 것은 아니다. 그러나 최소한 겉으로 보이는 차별은 별로 없다. 미국 같은 일부 국가에서는 인종차별을 법으로 금지한다. 그러니 속내는 차별하더라도 겉으로는 세련되게 표출한다.

우리는 이제 외국인을 포용하는 훈련을 해야 한다. 그들도 우리의 필요에 의해서 한국에 살고 있는 경우가 많다. 다른 모습과 문화에 대해서도 열린 마음으로 받아들이고, 그게 어려우면 최소한 표현을 세련되게 해야 한다. 그것이 한 단계 업그레이드된 한국인의 모습이다.

의리 없는 한국인

우리 민족은 정이 많다고 한다. 그러나 국가별, 민족별로 그 정이란 것을 계량화해서 비교할 수 없으니 우리만 그렇게 느끼는 것이란 생각도 든다. 그러나 신의라는 측면에서 세계가 한국을 보는 시각은 그다지 호의적이지 못하다.

남북화해 무드가 절정에 이르고, 그 와중에 진보계열 인사들이 맥아더 동상 철거를 시도한 적이 있다. 그 즈음에 남북경협과 북핵 문제 등을 논의하기 위해 미 국무부의 한 관리가 비공식적으로 한국을 방문했다. 급진적인 해빙 분위기에 속도 조절을 해달라던 그 관리는 한국의 고위층 분위기가 자신의 생각과는 완전히 다를뿐더러 미국을 오히려 방해꾼으로 여기는 분위기를 감지했다.

그는 공식적인 회의가 끝난 뒤 자신과 친하다고 생각하는 한국의 고위 관리에게 따로 한잔하자고 제안했다. 서울의 야경이 내려다보이는 호텔 바에서 그는 한국의 친구에게 속내를 보였다.

"한국에 올 때마다 이 호텔을 자주 찾습니다. 야경이 참 아름다워서요. 우리 아버지가 한쪽 팔과 한쪽 눈을 잃어가며 지킨 한국이 이처럼 찬란한 국가로 변했다는 것이 자랑스럽고, 또 아버지가 자랑스럽습니다."

이런 말을 하는 그의 눈에는 이슬이 맺혔고, 그는 말을 이었다.

"대다수 미국 사람들은 한국을 잘 모릅니다. 그러나 한국을 아는 우리 같은 사람들은 그 특별한 인연 때문에 한국을 무척 사랑하죠. 그러나 한국인은 의리가 없는 것 같습니다. 원했든 아니든 간에 한국과 미국은 혈맹이잖습니까. 그런데 세상이 바뀌었다고 그 혈맹을 헌신짝처럼 버리고, 한국을 위해 애쓴 맥아더 장군의 동상까지 허물려 하고, 또 그것을 고위층에서는 방관하듯 바라보는 현실이 너무나 서운합니다.”

결론적으로 “한국이 참 인정머리와 신의가 없다”는 그 미국 고위 관리의 말은 많은 여운을 남겼다. 미국인의 입장에서는 한국이 정말로 미울 수 있다.

우리는 주한미군이 자신들의 전략적 필요성 때문에 한국에 주둔하고 있다고 애써 믿고 싶어하지만, 주한미군 주둔이 현재의 한국을 만드는 데 크게 기여했다는 사실을 부정할 수는 없다.

이런 상황에서 미국인은 TV 뉴스를 통해 주한미군 병사들이 한국인의 몽둥이와 돌에 맞아 피를 흘리는 장면을 볼 때 무엇을 느낄까? 미군 철수를 주장하는 좌익세력과 그들을 암묵적으로 지원하는 정치세력을 보면서 어떻게 생각할까? 미군기지를 이전할 땅도 마련해 놓지 않았고 미군기지 이전 협상을 벌이자고 하는 한국 정부를 어떻게 할까?

결국 미국은 이런 한국의 태도에 반격을 가했다. “미군은 주재하는 나라의 국민이 원하지 않으면 언제든지 떠난다”고 으름장을 놓은 것이다. 그에 대한 한국의 반응이 또 목불인견目不忍見이었다. “첨단 장비를 추가로 배치해 달라”, “철군 시기를 늦춰 달라”, “미군 재배치를 재고해 달라”는 등 일관성 없는 요구를 쏟아낸 것이다. 개인 간, 기업 간도 마찬가지지만 국가 간의 신의는 한 국가의 존망을 결정할 수 있기에 무엇보다 중요하다. 최근 몇 년간의 상황은 미국인에게 “한국은 신뢰할 수 없는 나라이므로 전략적인 필요에 의해서만 이용하자”는 생각을 갖게 했다. 신의를 지키지 않는 국가를 신의로 대할 나라는 어느 곳에도 없다.

한국의 신의에 대해 불신을 가진 나라는 미국만이 아니다. 절친한 한국인 친구의 말을 믿고 한국에 수백억 원을 투자했다가 모두 날린 한 일본인 사업가는 이렇게 말했다.

"저는 한국인이 의리가 있다고 생각하지 않습니다. 뉴스에 나오는 비리 사건을 한번 보세요. 일본에서는 고위관리가 비리사건으로 도마에 오르면 대개 자살을 선택합니다. 사건이 더 확대되어 다른 사람들이 다치는 걸 원치 않기 때문입니다. 미국에서도 그런 경우가 많죠. 그런데 한국은 어떻습니까? 한 사람이 걸리면 이건 줄낚시처럼 수많은 사람들이 엮여 나옵니다. 혼자 당하기 억울하다는 거죠."

사실 그렇다. 의리를 지키겠다고 큰소리치던 당사자는 곧바로 물귀신으로 변해 주위에 있는 모든 사람을 끌어안고 함께 죽자고 몸부림친다. 정이 많고 의리를 소중히 여긴다고 스스로 생각하는 한국인. 그러나 그 한국인이 요즘 의리와 신의와 약속을 저버리는 일들이 참 많다.

우리는 신의나 의리에 대해 자신을 과대평가하고 있다. 세계인은 한국인을 그다지 신의 있는 민족이라고 생각하지 않는 듯하다. 정부는 국제 사회에서 일관성 있는 모습을 보이지 못하는 경우가 많다. 개도국에 진출한 많은 한국 기업들은 현지에서 노동력을 착취하고 비인간적인 대우를 하는가 하면 이득을 챙겨 도주하기도 한다.

어떤 이들은 이런 한국인의 성향을 역사적 배경에서 찾는다. 한국은 역사상 오랫동안 주변국이었기 때문에 생존을 위해 상황에 따라 수시로 입장을 바꾼다는 것이다. 우리에게 달갑지 않은 해석이지만 전혀 일리가 없는 것은 아니다.

세계인이 되려면 신의를 지켜야 한다. 개인은 개인끼리, 기업은 기업끼리, 국가는 국가끼리 신의는 '관계 맺기'의 가장 중요한 전제다. 국가의 위상이 올라갈수록 작은 신의에 대한 무시는 더 크게 부각되고 비난도 커진다.

부자를 인정하라

부자는 죄인이 아니다

고향 후배가 몇 해 전 겪은 일이다. 3월인데도 찬바람이 스산하게 부는 날, 그는 토익 시험을 보기 위해 아침 일찍 서울 강남의 한 중학교로 찾아갔다.

학교 정문 앞에서 30대 중반의 남자가 리어카에다 간이식당을 차려 놓고 토스트와 커피를 팔고 있었다. 몸을 데우려고 커피를 한 잔 사 먹는데, 행상의 행동이 눈길을 끌었다.

그는 봉지커피를 뜯으면서 주위 아파트를 한 번 둘러보고는 "도둑놈들!"이라고 내뱉었다. 그러더니 종이컵에다 설탕을 넣으면서 다시 "도둑놈의 새끼들!" 하며 주위를 둘러보았다. 후배는 아저씨에게 왜 그러시냐고 물어보았다. 그 아저씨 왈, "강남 사는 놈들은 모두 도둑놈 아닙니까? 이놈들 전부 투기꾼들이에요. 탈세하고 서민들 등 쳐서 돈 모은 작자들이에요"라고 하는 것이었다.

행상은 연이어 자신이 이 근처에서 장사를 하는데 졸부들이 하고 다니는 걸 보면 정말 눈꼴시어서 못 보겠다며 독설을 토해냈다. 후배는 행상의 말이 다소 심한 것 같아 짧게 말대꾸를 했다가 시험장에 못 들어갈 정도로 혼이 났다. "그렇게 말하는 아저씨도 여기서 장사해서 먹고 살잖아요"라고 말한 것이다. 그랬더니 행상은 "젊은 친구 어디 살아? 강남 살지? 말이면 다 하는 줄 알아?"라며 당장 때릴 듯이 몰아붙이는 통에 겨우 얼버무리고 학교로 들어갔다.

떨리는 마음으로 토익 시험을 본 후배는 시험장을 빠져나온 뒤 스터디 모임에 늦지 않으려고 큰맘 먹고 택시를 탔다. 그런데 웬일인지 택시가 꿈쩍을 하지 않았다. 30분간 제자리에 서 있다시피 한 끝에 견디다 못해 요금만 지불하고 택시에서 내렸다. 알고 보니 타워팰리스 앞에서 전국빈민연대라는 단체가 시위를 벌인 것이다. 가난해서 일찍 목숨을 잃은 가엾은 넋을 달래고, 정부에 대해 사회보장제도를 확충할 것을 요구하는 행사였다.

그런데 하필 왜 타워팰리스 앞에서 행사를 하는 것일까. 가난 때문에 목숨을 잃은 것이 타워팰리스 주민들 탓인가. 아무튼 타워팰리스 주민들이 꽤 난감하겠다는 생각을 하며 후배는 발길을 재촉했다.

반부자 정서의 성장 배경

어떤 이유든 재벌 회장에 대한 소환 기사는 국민의 감성을 자극하는 좋은 기사다. 돈 많은 재벌이 부정 축재나 탈세, 편법 상속의 이유이든, 하다못해 아들을 위한 보복 폭행의 이유든 관계 당국에 끌려와 고초를 당하면 재벌만큼 돈을 못 가진 서민들은 후련해한다.

그들 역시 인간이며 인간적 잘못을 한 것인데도, 일반인들보다 훨씬 더 가혹한 여론의 뭇매를 맞는다. 공인이기에 그럴 수 있다는 항변도 맞는 말이다. 그러나 그런 이유로 합당한 것보다 더 많은 채찍질을 그들에게 가하는 감이 있다. 한국인은 유독 부자에 대한 적개심이 강하기 때문이다.

한국의 서민들은 부자들에 대해 일종의 채권자 의식을 갖고 있다. 자신들의 희생을 토대로 부자들이 자본을 모았다는 것이다. 이것은 맞는 말이기도 하다. 지금 존재하는 수많은 대기업들은 개발독재 시대에 서민들의 저임금을 토대로 제품 경쟁력을 가졌고, 해외 시장에서의 출혈을 내수시장에서 비싸게 팔아 메웠다.

국민들의 피와 땀이 거름이 되어 세계적인 기업들과 재벌들이 탄생한 것이다. 지금도 대기업들은 독과점적 지위를 유지하며 기반을 다지고 있다. 외부 여건의 변화에도 불구하고 통신료와 기름값은 고공행진을 하고 있고, 신차 값은 항상 물가상승률보다 훨씬 높은 가격으로 책정된다. 원자재값 상승이 이유라지만, 재료비가 올랐으면 이익이 내려가거나 최소한 같아야 하는데 순익은 폭증해 수천억 원, 심지어는 수조 원으로 공시된다. 외국에서는 2천만 원대에 살 수 있는 한국 차가 이상하게도 한국에서는 3천만 원을 넘게 줘야 살 수 있다.

이러다 보니 일반 국민들은 여전히 착취당하고 있다는 느낌이 든다. 동시에 제 배만 불리는 재벌들이 미울 수밖에 없다. 서민들은 또, 기업인이 아닌 다른 부자들에 대해서도 달갑지 않은 시선을 보낸다.

1970~1980년대는 '변화의 기쁨'을 만끽하던 시대였다. 자고 나면 초가 지붕이 슬래브 지붕으로 바뀌고, 도로와 교량이 설치되었다. 허허벌판에는 빌딩과 공장이 들어섰다. 구로공단에 취직한 딸이 보내오는 생활비로 시골 노부모의 형편이 크게 피었다. 대청마루에 비치된 텔레비전과 선풍기는 온 동네의 화제가 되었다. 옆집 딸의 돈벌이 소식은 동네 처녀와 총각들로 하여금 모조리 도시로 나가게 만들었고, 온 동네가 급격하게 근대화되었다. 모두가 변화의 속도에 정신없이 도취된 시기였다. 그러나 어떤 분야든 어느 정도까지는 급속하게 성장하지만 일정 단계를 넘어서면 성장이 정체되게 마련이다.

우리 사회도 어느 때부턴가 변화의 속도가 줄기 시작했다. 그러나 그 와중에서도 눈치 빠른 이들은 부동산 투자로 큰돈을 벌었다. 또 주식시장이 활성화되어 대박을 터뜨린 사람들도 생겨났다. 소수의 사람들이 크게 앞서가고, 다수의 사람들은 상대적 박탈감을 느끼기 시작했다. 다시 말해 배를 곯던 어려움 속에서 벗어나 모두가 평균적으로 살만한 시대가 되자, 그동안 변화의 속도에 도취되어 주위에 관심이 없던 사람들이 자신과 주위를 비교하게 된 것이다.

그때 저 멀리 이른바 '강남'이 보였다. 그곳에는 어떤 이유로든 훨씬 앞서 간 부자들이 모여 살았고, 강남은 스스로 상승작용을 일으키더니 어느 순간 서민들이 넘보지 못할 위치로 솟구쳐 올라 버렸다. 반反부자 정서는 이처럼 기업에 대한 채권자 의식과 부자들에 대한 상대적 박탈감의 산물로서 탄생한 것이다.

30년째 똑같은 부의 정당성 논리

부자를 왜 미워하느냐에 대한 문제 제기를 하다 보면 궁극적으로 만나는 이유는 항상 부의 정당성에 대한 부분이다. "부자들이 나를 착취하고 이용해서 돈을 모았기에 그것을 인정할 수 없다"는 것이다. 동시에 자본 축적의 과정에서 편법을 동원했다는 것이다.

앞서 살펴보았듯이 이런 생각은 타당성이 있다. 그러나 전적으로 옳다고 할 수도 없다. 왜냐하면 세상이 많이 변했기 때문이다. 근로자들은 이제 예전의 저임금 근로자가 아니다. 실제로 조사해 보면 우리 대기업 신입사원의 임금이 일본의 동일 업종보다 더 높은 경우가 많다. 노조는 더이상 약하고 보호해야 할 예전의 노조가 아닌 거대 권력이 되었다. 20, 30년 전의 논리로 볼 때 재벌들이 국민들의 고혈로 뼈대를 키웠다는 논리가 성립할지 모르지만, 지금은 서로 이익을 챙겨가는 시대가 된 것이다.

부의 정당성 부분도 그렇다. 재벌들이 태생적으로 부의 정당성에서 취약점을 갖고 있고 지금도 그 때문에 대가를 치르고 있는 부분도 많지만, 짧게는 최근 10년 사이에 부자가 된 사람들 중에는 능력과 성실을 바탕으로 정당하게 부를 축적한 사람들이 많다. 자본시장, 특히 코스닥 시장이 활성화되면서 수많은 신흥부자들이 생겨났다. 재능이 있고 운까지 받쳐주면 아무나 부자가 되는 시대가 된 것이다. 그들은 당당하게 자신의 부를 과시하고 소비하려 한다.

상황이 이렇게 많이 변했지만, 우리는 여전히 부자를 미워하는 가장 큰 이유로 서슴없이 '부의 정당성 결여' 라는 논리를 내세운다. 그것이 30년째 유효하다고 할지라도 미래지향적 관점에서 보면 바람직하지 않다. 왜냐하면 부의 정당성을 부정하는 사회에서는 부자를 꿈꿀 수 없기 때문이다.

부의 정당성 문제는 매우 중요하다. 이 문제에 대한 사회적 합의가 성립되어야만 건전한 목표의식이 생길 수 있기 때문이다. 그러나 축재과정에서 생기는 부정적인 부분을 부각시켜 그것이 마치 전체의 문제이고 전혀 개선되지 않은 병폐인 것처럼 포장하는 것은 국가 발전에 도움이 되지 않는다.

이제는 '부의 정당성 따지기' 라는 과잉 정서에서 벗어나야 한다. 정부나 시민단체에서 걸핏하면 갖다 대는 '완벽한 선진국' 의 논리는 상당 부분 허구인 경우가 많다. 선진국으로 불리는 외국에도 부의 정당성에서 벗어나는 일들이 항상 벌어져서 화제가 되며, 여론의 질타를 몰고 오기도 한다. 그러나 우리와 다른 것은 그것이 불완전한 인간사에서 벌어지는 일상적 부조리일 뿐, 우리처럼 영원한 저주가 아니란 것이다.

부의 정당성 결핍이라는 논리로 부자를 미워하면서 가난을 선이나 미덕으로 여기다간 발전이 없다. 이제는 다소 모자란 점이 있더라도 부자를 인정하는 시대상을 만들어가야 한다. 그래야만 아이들에게 당당한 부자의 꿈을 심어줄 수 있다. 자기의 부를 자랑으로 삼고, 그 부를 기반으로 인생을 즐기며, 남에게 베풀 줄 아는 꿈을 지닌 청년들이 생겨나야 진정한 일류국가를 꿈꿀 수 있다.

미국의 경우를 보면 카네기나 록펠러 같은 존경받는 거부들도 젊은 시절에는 큰 도덕적 결함이 있었다. 병역 기피가 그것이다. 그들은 남북전쟁 당시 목숨을 잃을지 모르는 전장에 나가지 않으려고 몇백 달러를 주고 사람을 사서 대신 군대에 보낸 것으로 알려져 있다. 우리 같으면 난리를 피울 일이지만 지금의 미국인은 그 두 사람을 가장 존경하는 기업인으로 떠받들고 있다. 그들에게는 현재가 중요한 것이다. 미국의 미래를 위해 그들이 거부로 살아남은 것 자체가 더 도움이 되는 일이었기 때문이다.

부의 세습에 관한 과잉적 반응

잊을 만하면 불거지는 사건 중 하나가 재벌들이 자녀들에게 하는 편법 상속에 관한 내용이다. 첨단 금융기법을 활용한 편법 상속과 빠지지 않는 탈세 행위, 그리고 족벌 경영을 위한 갖가지 지분 확보 편법들은 서민들의 염장을 지른다. 제 재산을 자식들에게 물려주고자 하는 욕구는 서민이나 재벌이나 똑같지만 그렇게나 많은 재산을 가진 재벌이, 게다가 부의 정당성도 결핍된 재벌이 자식들에게 편법을 동원해 돈과 경영권을 물려주려는 행태는 불쾌하기 짝이 없는 행위로 서민들의 가슴에 다가오는 것이다.

이런 가운데, 세계 2위의 부자인 워렌 버핏^{Warren Buffett}이 자기 재산의 80퍼센트 이상을 사회에 헌납했다는 소식 등 외국 부자들의 기부 소식은 우리 재벌들을 더욱 밉게 만드는 요인이 된다. 그렇다면 왜 외국 부자들은 모두 노블레스 오블리주^{noblesse oblige}를 실천하고, 우리 재벌들은 자신과 가족의 이익 챙기기에만 급급할까.

여기서 잠깐 외국의 사례를 살펴보자. 힐튼 가문은 세계적으로 집안 망신을 시키고 있는 패리스 힐튼에게 3천억 원의 재산을 물려주었다. 우리의 가정대로라면 힐튼 가문은 재산을 사회에 환원해야 했다. 그래야 우리가 생각하는 선진국의 상속 법칙에 맞는 것이다.

잭 트라우트^{Jack Trout}가 쓴 《마이 포지셔닝^{My Positioning}》이란 책에 이런 글이 적혀 있다.

"우리가 살고 있는 사회는 능력사회가 아니라 씨족사회다. 미래는 가족기업들의 손아귀에 들어간다. 미국에 있는 1,500만 개의 회사들 중 90퍼센트에 가까운 회사가 가족이 직접 경영하거나 경영에 참가하고 있다. 이 회사들에서 일하는 직원은 4만5천 명이며 이들의 소득은 미국 전체 국민소득의 60퍼센트를 차지한다. 개인소유 기업과 합명회사 또는 합자회사들이 버는 금액은 미국 전체 기업이 버는 돈의 20퍼센트가량이며, 《포춘》 선정 500대 기업 중 가족 소유 기업은 175개에 이른다."

우리가 생각해 온 미국의 모습은 이런 것이 아니었다. 거부들은 전 재산의 대부분을 사회에 환원해야 하고, 자녀에 대한 상속은 쥐꼬리만 해야 하는 것이다. 그리고 기업의 경영자는 오너나 오너 가족이 아니라 전문경영인이어야 한다. 만약 잭 트라우트의 분석대로라면 미국이나 한국이나 별 다를 바 없다. 우리 생각에 부자들이 모든 재산을 사회에 환원할 것 같은 미국에서도 가족기업이 대세다. 게다가 미국 정치권에서는 기업가 정신을 고양한다며 상속세마저 폐지하려는 움직임도 있다.

미국에서 회계사를 하는 친구에게 미국 부자들은 진정으로 노블레스 오블리주를 실천하는 것 같다는 이야기를 한 적이 있다. 막대한 재산을 아낌없이 기부하는 데 대한 놀라움 때문이었다. 그랬더니 친구는 "한국도 최근에 비슷한 제도를 도입하고 있다지만, 미국에서는 기부를 하면 그 이상으로 세금 감면 혜택이 있기 때문에 부자들이 기부에 그만큼 적극적이다"라고 말했다.

자신의 가치관이나 신념에 의해 순수하게 기부하는 이도 있지만, 세금 감면 혜택이 기부를 끌어내는 가장 큰 이유라는 설명이다. 기대했던 답변은 아니었지만 이해가 되었다. 부의 세습은 어떻게 보면 본능이다.

사회주의가 이성적으로 더 높은 가치를 지닌 이념이지만 본능을 앞세운 시장주의에 패배한 것처럼, 부의 세습을 우리만이 가진 후진성으로 바라보는 시각은 틀린 것이다. 차라리 본능을 인정하고 제도적으로 부자들이 재산 일부를 사회에 기부하도록 유도할 필요가 있다. 그것이 우리가 모범으로 알고 있는 미국 기부 문화의 본질이다.

경영권 상속의 부분도 그렇다. 우리는 마치 재벌 2세가 경영권을 이어받으면 기업이 망하는 것처럼 수십 년을 떠들어왔지만, 아직까지 살아 있는 건실한 기업의 대부분은 재벌 2세가 경영하고 있다. 재벌 2세는 부모에게 재산을 물려받은 죄 때문에 전문경영인이 될 수 없는 것일까.

언젠가 국내 유수의 대기업 전문경영인에게서 들은 이야기는 재벌 2세에 대한 관념을 흔들어 놓았다.

"오너인 회장이 부르면 많은 준비를 해갑니다. 뭘 물어볼 건지, 시장 전망은 어떻게 될 건지, 올해 중점사업은 어디다 둘 건지 등 나름대로 완벽한 답변을 준비하죠. 그런데 이야기를 하다 보면 회장은 훨씬 더 깊은 생각까지 하고 있다는 걸 매번 느낍니다."

그 전문경영인은 회장과 자신의 차이를 '주인과 머슴'의 차이로 설명했다. 주인은 잠시 거쳐가는 머슴 같은 전문경영인보다 회사에 대한 애착이 훨씬 커서 더 많은 고민을 하고 미래를 생각한다는 것이다. 그는 또 전문경영인의 한계를 이렇게 표현했다.

"전문경영인들은 장기적인 미래를 설계하지 않습니다. 자신이 경영을 맡을 동안만 잘되면 그만입니다. 만약 10년 후에 회사에 대박을 안길 수 있지만 2~3년간 고통을 감수해야 하는 사업이 있다면 전문경영인은 그 사업을 포기할 겁니다. 10년 후는 자신에게 아무런 의미가 없기 때문입니다. 반대로 만약 1~2년간 반짝 성과를 올릴 수 있지만 그 이후가 불투명한 사업이 있다면 상당수의 전문경영인들은 오히려 그것을 선택할 것입니다."

이런 이야기는 실제로 많은 전문경영인들이 토로하는 이야기다. 성과에 따라 진퇴 여부가 결정되는 그들의 태생적 한계인 셈이다. 세상 어디에도 절대적인 경영의 표준은 없다. 경영 방식은 끊임없이 변하고 창조된다. 따라서 서구의 경영 방식이 절대적이라는 것은 틀린 판단이다. 반대로 우리가 가진 재벌 시스템이나 재벌 2세 승계가 무조건 틀리다는 선입견도 틀릴 수 있다.

부자가 돈을 써야 서민들도 돈을 번다

10년 가까이 귀에 못이 박히도록 듣는 이야기가 있다. 경기가 안 좋다는 이야기가 나올 때마다 함께 거론되는 내수 부양과 소비 진작에 관한 내용이다. 그런데 10년이 넘게 경기부진 이야기가 나오는 것 보니 아직도 내수 부양과 소비 진작이 안 된 모양이다. 일본에 대해 '잃어버린 10년'을 거론하며 반면교사로 생각하자고 했던 우리네 모습에 자괴감을 느낀다.

안에서 쓰는 소비, 즉 내수를 살리는 것은 매우 중요하다. 우리가 수

출입국의 기치를 내걸고 고도 성장을 이끌어왔지만, 세계 10위권 안팎의 경제 규모는 수출 위주의 성장을 더 이상 허락하지 않는다.

우리의 경제성장 구조를 살펴보면 그것을 알 수 있다. 우리나라와 비슷한 인구를 가진 선진국들은 1인당 국민소득이 2만 달러 시점에서 재화와 서비스 수출이 GDP에서 차지하는 비중이 15~16퍼센트에 불과했다. 그러나 우리는 여전히 60퍼센트에 육박한다. 그러니 외풍이 조금만 불어도 경제 전반이 휘청한다. 유가나 환율이 조금만 움직여도 우리 경제 전반이 요동친다. 수출 비중이 적고, 내수가 튼튼하다면 그렇게 걱정할 필요가 없다. 밖에서 안 팔리면 안에서 팔면 되기 때문이다.

문제는 우리가 가진 경제 성장 단계와 규모에서는 내수 확장이 필수적인데 그게 안 된다는 데 있다. 소비심리를 살려야 한다고 시도 때도 없이 외치지만, 소비심리는 좀처럼 살아나지 않는다. 가장 큰 이유는 소비여력이 있는 고소득층이 지갑을 닫았기 때문이다.

서민들은 쓸래야 쓸 돈이 없다. 쥐꼬리만 한 소득으로 대출금도 갚아야 하고 애들 학원비도 내야 하며 하루가 다르게 치솟는 기름값도 감당해야 하기 때문이다. 돈을 쓰는 사람이 있어야 상품이 팔려서 공장이 돌아가고, 공장 근로자가 월급을 받아서 다시 소비생활을 할 것인데 돈 쓰는 순환 고리가 끊겨버린 것이다.

결국 경기부진도 지갑을 열지 않는 고소득층 탓이다. 그러나 그들도 억울하다. 지갑을 열라고 난리를 치면서도 정작 지갑을 열면 "양극화가 심화되고 있다"며 "일부 고소득층의 과소비가 위화감을 조성한다"며 난도질한다. 또 부유세를 신설하겠다고 협박하고, 종부세를 부과하고, 카드 소득공제를 줄이면서 압박한다.

표리부동하고 본질을 호도하는 분위기가 아닐 수 없다. 그러니 차라리 해외에 나가서 돈 쓰는 게 훨씬 마음이 편하고 실속이 있다. 그러면 또, 부유층이 국부 유출에 앞서고 있다는 비난이 쏟아진다. 내수 부양이 한국 경제가 한 단계 도약하는 데 필수불가결한 조건이라는 주장에 이견은 없다. 내수 중에서도 특히 서비스업을 살려야 한다. 서비스업은 고용 창출 효과가 그 어떤 산업보다도 크다. 제조업은 매출이 늘고 기업 규모가 커져도 좀처럼 고용이 늘지 않는다. 자동화와 해외 아웃소싱 때문이다.

반면, 서비스업의 고용 창출 효과는 제조업의 서너 배에 달한다. 서비스는 사람이 하는 것이기 때문이다. 서비스 산업을 키우되 구조를 고도화해야 한다. 음식이나 숙박, 도소매업 등으로는 더 이상의 부가가치 창출이 어렵다. 금융, 컨설팅, 의료, 법률, 교육, 레저 등의 부문에서 고급서비스를 제공해야 한다. 그래야 부자들이 돈을 쓴다.

여기에 대한 인식의 공감대는 있다. 그러나 그 수단들은 목표와 다른 방향으로 치닫고 있다. 시기심에 바탕을 둔 국민정서 때문에 서비스업 고도화의 목표가 사실상 불가능한 것이다. 고급 서비스는 부자들을 위한 것이다. 그러니 부자들을 위한 서비스업 창출에 대부분의 서민들은 배앓이를 한다.

그러기에 정치가 발목을 잡는다. 소수의 부자도 한 표, 다수의 서민도 한 표인 마당에 정치 논리로 볼 때 서비스업 고도화는 불리한 선택이다. 그러니 중저가 서비스를 제공하는 사회적 시스템이 구축되고, 결국 질 높은 서비스를 갈구하는 부자들은 나라를 떠나 고급 서비스를 만끽한다.

평준화를 겨냥한 저품질의 교육에 불만을 품은 중산층들은 막대한 가계 부담을 무릅쓰고 자녀들을 해외로 내보낸다. 해외유학이나 연수 비용으로 지출된 금액은 국가 전체에서 한 해 8조~9조 원에 육박하고 있다. 특급 의료서비스가 서민들에게 위화감을 조성할 수 있다며 의료보험에서 지정하는 보편적인 의료행위만 인정하다 보니, 자기 돈 내고 대접 받고 싶은 환자들은 연간 2조 원대의 돈을 내며 해외에서 치료를 받고 있다. 대중화되었다면서도 잊을 만하면 국민정서 운운하며 매도하는 여론 때문에 국내를 떠나 해외에서 골프를 즐기는 내국인 수가 연간 50만 명을 넘어서고 있다.

이렇게 해외 유학과 골프 여행, 의료서비스 등으로 해외에 흘러나간 돈은 해마다 17조~18조 원에 이르는 것으로 추산된다. 만약 국내 수요로 흡수했다면 GDP가 무려 1.8퍼센트포인트가량 오르는 엄청난 금액이다. 다시 말하면 시기심을 등에 업은 균등의 정치 논리가 서비스업 성장을 방해하면서 경제 성장을 억누르고 있는 것이다.

원하는 사람은 '비싼 치료'를 받게 하라

미국은 의료비가 엄청나게 비싸다. 식료품이나 기름값 등의 생필품 가격은 오히려 한국보다 훨씬 싼 편이다. 미국 연수 중에 눈에 다래끼가 나고 충혈이 심해서 견딜 수 없는 지경에 이른 적이 있었다. 보험에 들어놓긴 했지만 하도 비싸다는 의료비 걱정에 버틸 수 있는 만큼 버티다가 결국 병원을 찾았다.

예약을 하고 오래 기다린 뒤에 의사를 만났는데, 잠깐 보더니 집에 돌아가서 뜨거운 수건으로 찜질을 하고 좀더 견뎌보라는 처방을 내렸다. 상태가 심각하지 않다며 약 처방도 해주지 않았다. 안심이 되면서도 허탈한 마음이 들었다. 그런데 이 정도의 진료에 치료비가 얼마나 나올까 궁금했다.

청구서를 보니 150달러였다. 한국에서는 몇천 원이면 될 진료비가 무려 14만 원이나 나온 것이다. 약 처방도 없고 치료도 없었으며 단지 말 그대로 진료만 했을 뿐인데 그 정도의 금액이 나온 것이다.

이것은 약과다. 대학병원의 의사교수를 남편으로 둔 한 미국인 여성의 이야기는 미국 의료비의 실상을 알려주는 충격 그 자체였다. 그녀는 몇 년 전 건강검진에서 머리에 자그마한 양성 종양이 발견되어 수술을 받은 적이 있다고 했다.

아침에 입원해서 수술한 뒤 저녁이면 퇴원할 수 있는 비교적 간단한 수술이었지만, 명색이 뇌수술이라 이것저것 검사가 많았다고 한다. 그러고 나서 의사의 말대로 오전에 수술을 받고 오후에 퇴원을 했다. 그리고 나온 수술비가 무려 4만5천 달러였다. 우리 돈 4천만 원이 넘는 금액이었다.

물론 보험으로 처리된다지만, 병원비가 비싼 만큼 보험료도 엄청나다. 미국인은 의료보험 때문에 허리가 휘는 것이다. 세계적인 자동차 업체인 GM이 직원들에 대한 의료비 지원 부담 때문에 존폐 위기에 몰렸다는 이야기도 그래서 나온 것이다.

엄청난 비용이 들지만 뛰어난 서비스를 받는 곳, 의료에 관한 한 천국과 지옥의 양면성을 갖고 있는 곳이 미국이다. 그에 비하면 공적 서비스 개념인 한국의 의료 시스템이 훨씬 보편적이고 편리한 면이 있다. 교육처럼 의료서비스도 평준화한 뒤 빈부에 따른 차이 없이 모두가 같은 서비스를 받는 것이다.

그러나 소득이 높아지면서 고급 서비스에 대한 욕구도 강해진다. 소득이 높은 환자들은 수술 칼 하나라도 좀더 고급인 것으로 수술 받고 싶어 하고, 의사들은 선진 첨단 의료기술을 들여와 남들이 갖지 못한 노하우를 비싸게 팔고 싶어 한다.

그러나 그것은 불가능하다. 의료수가(건강보험공단과 환자가 의사나 약사 등의 의료서비스 제공자에게 제공하는 돈) 리스트에 없는 시술 항목은 수가 적용이 되지 않아 사실상 시술이 불가능하며 첨단 의료기계도 사전 허가 없이는 사용할 수 없기 때문이다. 좋은 기술과 시설이 평준화의 덫에 걸려 활용되지 못하면서 돈 있는 사람들은 죄다 외국으로 나가서 비싼 돈을 지불하며 의료서비스를 받는다. 동시에 의사들도 자신의 고급

기술을 비싼 값에 팔 수 있는 외국으로 나가는 경우가 해마다 증가하고 있다. 공공성을 지닌 의료 시스템은 서민에게는 축복이지만, 의료산업의 발전을 저해하고 고급 서비스에 대한 갈증을 더 심화한다.

서비스산업 고도화의 한 축인 의료 시스템에도 이제는 시장 논리를 어느 정도 도입할 필요가 있다. 그 방법은 민간 의료보험제도를 부분적으로 도입하는 것이다. 부유층에게는 미국처럼 훨씬 더 많은 민간 의료보험료를 지불하게 하면서 원하는 고급 서비스를 받게 해준다. 또 의사에게는 자신의 첨단 의료기술을 마음대로 발휘하고 그에 걸맞은 의료비를 받도록 하는 것이다. 그러는 와중에 서민은 서민대로 세계 어디에 내놓아도 손색없는 공적 개념의 의료서비스를 계속 받으면 된다.

위화감만 내세우지 않으면 아무 문제가 없다. 그렇게 하면 외국으로 빠져나가는 연간 약 2조 원의 의료비 지출을 국내에 붙잡을 수 있다. 좋은 조건을 갖고도 그것을 활용하지 못하는 것은 어리석은 일이다.

능력대로 선택이 가능한 교육서비스를 제공하라

집값 파동의 진원지, 명문 학군의 집합지인 서울 대치동이 요즘 죽고 있다고 한다. 이유인즉 여유 있는 계층들은 이 진절머리 나는 교육 현실을 피해 자녀들을 아예 외국으로 보내면서 대치동 등 이른바 '교육 명문구'에 교육열 높은 세입자만 남은 것이다.

이런 유학 열풍을 두고 우리 민족의 냄비 근성만 탓하기에는 교육의 현실이 너무나 척박하다. 수십 년째 교육개혁의 기치 아래 '공교육'과

'평준화'를 외치고 있지만, 사교육비가 엄청나게 드는 교육제도의 비효율성은 조금도 개선되지 않았다. 소득이 선진국 수준에 진입했지만 생활의 질이 더 열악해지고 있다는 서민층의 불만도 알고 보면 사교육비 때문이다. 자녀에게 들어가는 엄청난 사교육비 때문에 이른바 가처분소득이 별로 없다. 저축은 꿈도 못 꾸고 파출부 일까지 해서 사교육비를 충당하는 주부도 속출한다. TV 드라마에는 과외비 부담을 극복하기 위해 노래방 도우미로 나서는 엄마의 이야기까지 등장한다.

아무리 비싸도 상품이 맘에 들고 돈이 있으면 기꺼이 구입한다는 것이 시장 논리다. 그러나 우리나라에서 교육은 이런 시장 논리가 전혀 먹히지 않는다. 이런저런 명목으로 비싼 값이 지불되고 있지만, 돌아오는 교육서비스는 한마디로 점입가경이다.

이런 비효율성은 교육 개방이나 경쟁 위주의 교육 형태가 부유층에만 수준 높은 교육 기회를 줄 뿐, 그렇지 않은 계층에게는 절망감만을 안겨준다는 논리에 따른 것이다. 한마디로 배 아픈 사람이 없게 하겠다는 평등과잉의 논리가 교육에 적용되고 있다.

그 와중에 열악한 교육서비스에 불만을 품고 밖으로 나가는 유학생이 급증하고 있다. 조기유학 열풍과 직장인 유학 연수 증가로 해마다 외국으로 빠져나가는 돈이 연간 약 8조 원에 이른다. 이는 연간 교육 예산의 3분의 1에 달하는 엄청난 금액이다.

이런 '교육 액소더스exodus'는 돈의 유출뿐만 아니라 다른 부작용도 낳고 있다. 바로 기러기 가족 양산이다. 많은 기러기 엄마 아빠들이 유학 간 자녀의 뒷바라지를 위해 따로 떨어져 살고 있는가 하면, 단절의 시간이 길어짐에 따라 가족의 해체로 이어지는 사례도 속출하고 있다.

공부 잘하는 학생에게는 사립고, 특목고가 오히려 싸다

다른 것도 마찬가지지만, 우리 국민들은 특히 교육에서 기회가 균등해야 한다고 생각하고 있다. 가난한 집에서 공부 잘하는 아들이 나와 성공하고 집안을 일구는 일련의 과정은 우리 사회의 오래된 성공신화다.

하지만 그것도 요즘은 옛말이다. 현실적으로 부잣집 아이들이 여러 가지 지원을 통해 더 공부를 잘하는 '가혹' 한 시대가 된 것이다. 이것은 서민들에겐 평등의 마지막 보루까지 빼앗겼다는 상실감을 안겨주고 있다. 다른 그 무엇보다도 교육서비스가 '평등' '평준화' 의 질곡에서 벗어나지 못하고 있는 이유가 그 때문이다.

하지만 이런 질곡에서 한없이 기다려도 해결책은 절대 나오지 않는다. 이른바 '국민정서' 만 달랠 뿐, 부잣집 아이들은 사교육을 통하든, 유학을 가든 더 나은 교육서비스를 받으면서 앞서 가고, 서민들은 효과 없는 공교육의 함정에서 계속 쓰라린 배를 움켜쥐어야 한다.

여기서 선택이 필요하다. 모든 것을 다 얻을 수 없는 상황에서는, '모든 것을 잃는 선택' 보다는 '일부라도 얻는 선택' 이 바람직하다.

어차피 교육에서 기회의 차별을 피할 수 없다면, '위화감의 함정' 에서 벗어나 국가와 서민들에게 도움이 되는 선택이 필요하다. 만약, 부잣집 아이들이 외국에서 쓰는 한 해 8조 원의 돈을 국내에서 쓴다면,

내수 진작에 큰 도움이 될 수 있다. 과거에 지방 교육도시가 그랬듯, 더 많은 학생들이 와서 하숙을 할 것이며, 세 끼 식사를 먹기 위해 식당을 찾을 것이며, 세탁소에 세탁물을 맡길 것이고, 스트레스 해소를 위해 맥주집을 찾을 것이다. 대학 주변의 원룸이나 오피스텔 건설도 활기를 띨 것이다.

고급화된 교육서비스를 원하는 부잣집 아이들이 보기 싫다며 차라리 밖에 나가서 공부하고 돈 쓰라는 것은 '자학'일 뿐 실속을 챙기는 선택은 아니다. 교육에서 국부 유출을 막기 위해선 차별화된 다양한 서비스를 우선 제공해야 한다.

우리 교육은 평준화를 지향하면서도 온갖 비평준화 요소를 다 갖고 있다. 이율배반의 전형적인 모습이다.

평준화의 토양에서 자라난 수많은 특목고와 자립형 사립고가 그것이다. 평준화의 단점을 보완한다는 명목이지만 사실상 비평준화를 허용한 것이다. 하지만 토양이 평준화이다 보니 그 성장 환경이 매우 척박하다.

말이 자립형 사립고이지 본질적인 내용은 자율로 할 수 없다. 일반 학교의 세 배 이내로 등록금을 묶다 보니, 시설이나 학습의 질을 높이는 데 한계가 있다. 돈을 더 내고 더 나은 교육을 받고자 하는 욕구를 만족시킬 수 없다는 이야기다. 외국에 자녀를 유학 보낼 정도의 경제력을 가졌거나 국내 평준화 교육에 염증을 느낀 부모 입장에서는 맘에 차지 않을 수도 있다. 교과 과정도 자율이라지만, 교육부가 정한 공통과목은 이수해야 한다.

그래도 자립형 사립고나 특목고에 대한 열망은 대단하다. 그곳은 국내에서 공부 잘하고 성취욕이 강한 학생들의 유일한 돌파구이기 때문이다. 이때도 비싼 등록금 때문에 서민 자녀들이 입학할 수 없다는 반론이 어김없이 제기될 수 있다.

그러나 얼마 전 나온 한 언론사의 실태 조사는 흥미로운 결과를 제시한다. 일반고와 자립고를 나와 각각 서울대에 입학한 두 학생의 고3 때 교육비를 비교했는데 자립고 학생의 월 교육비가 50만 원 정도였던 반면, 일반고 출신은 각종 사교육비 부담 때문에 100만 원을 넘었다. 공부 잘하는 자식을 둔 서민이 볼 때 어느 학교로 아이를 보내는 것이 더 합당한 선택일까? 오히려 사립고와 특목고를 확충하는 편이 공부 잘하는 아이의 부모에게 기회의 균등을 제공하는 셈이다.

교육에 대한 부모의 욕구는 끝이 없다. 각자의 처지에서 최선을 다해 자녀에게 좋은 교육 기회를 주려는 마음은 똑같다. 그런데 부모들과 학생들의 상이한 처지와 능력을 무시하고 똑같은 조건으로, 똑같은 색깔과 무게의 교육을 시킨다면 많은 부분에서 불만이 생길 수밖에 없다. 차이를 인정하지 않으면 나중에 수습할 수 없는 혼란이 생긴다. 그것이 지금 우리 교육의 모습이다.

안에서 놀게 하라

짐작컨대 골프가 대중화되었다는 말이 나온 지 10년이 넘었다. 그러나 실제로 골프가 대중화되었다고 느끼는 사람들은 별로 없다. 사회적으로 분위기가 안 좋을 때 골프를 하다가 구설수에 오르는 고위 공직자가 잊을 만하면 한두 명씩 나온다.

만약 골프가 대중 스포츠라면 문제가 되지 않을 것이다. 골프 접대는 항상 '과한 접대'로 서민에게 다가온다. 주중이나 주말에 골프채를 메고 가는 사람들의 모습은 여전히 눈꼴시다는 느낌을 준다.

비용 면에서도 골프 치기란 힘들다. 골프장 한 번 다녀오려면 넉넉잡아 1인당 30만 원이 든다. 미국에서 골프 칠 때 드는 비용의 10배에 달하는 세계 최고 수준의 골프 비용이다. 한 번 하는 데 30만 원짜리 스포츠를 대중 스포츠로 일컫기는 힘들다.

이렇게 부담스러운데도 골프 열기는 활활 타오르고 있다. 국민소득 2만 달러 증후군일 수도 있고, 눈치를 주다 보니 더 하고 싶은 심리도 있겠다. 눈치 때문에 또는 너무 비싸서 국내 골프장을 외면하는 인구가 해마다 크게 늘고 있다. 해외 원정골프 관광객들이 한 해 외국 골프장에서 뿌린 돈은 5천억 원에 달한다. 정부에서는 해마다 골프장 규제 완화책을 내놓고 있다. 그런데 완화되는 규제는 거의 없다. 오히려 그린피는 해마다 오른다. 설령 규제 완화를 한다고 해도 어지간한 조치로는 어림도 없다. 외국에 나가면 10분의 1 값에 칠 수 있는데, 쥐꼬리만 한 규제 완화로 그린피 몇만 원 내린다고 국내 골프장에 되돌아올 사람은 많지 않다.

여행도 사정이 비슷하다. 한류 열풍으로 외국인 관광 입국이 늘었다고 하지만, 내국인의 해외 관광은 더 늘었다. 그래서 관광 수지는 만성 적자이고 그 규모는 갈수록 커지고 있다. 자동차를 팔고 반도체를 팔아서 번 돈을 유학과 해외여행에 다 써버리는 악순환 구조에서는 우리 경제에 미래가 없다.

그런 악순환을 벗어나는 방법은 국민을 '안에서 놀게' 하는 것이다. 이른바 국민정서 때문에 국회 문턱에서 잠자고 있는 갖가지 규제 완화 법안도 통과시키고 나아가 우리 기업은 물론, 해외자본까지 눈독을 들일 만한 투자 유인책을 들고 나와야 한다.

규제의 경우 탁상공론에서 벗어나 현장의 목소리를 들을 필요가 있다. 지방에서 호텔 사업을 하는 한 사업가는 가장 힘든 것으로 규제의 획일성을 들었다.

"관광진흥법에 관광호텔등급 심사기준이란 게 있습니다. 거기에 보면 특1급 호텔은 부대시설로 대·중·소연회장을 다 갖추어야 합니다. 또 중식당, 일식당, 한식당 등도 완비하라고 합니다. 한마디로 갖춰야 될 조건이 너무 많습니다. 손님은 많지 않은데, 사용하지도 않는 부대시설을 많이 만들다 보니 운영비 때문에 망할 지경입니다."

획일적인 규제도 문제지만 남들이 다 써먹은 투자 유인책을 새삼스럽게 특단의 대책이라며 들고 나오는 것도 코미디에 가깝다. 관광 레저 시설에 대한 법인세 감면 등의 세제 혜택은 싱가포르 등 우리 경쟁국에서 이미 1980년대에 다 사용한 것들이다. 여기다 기본적인 조건까지 훨씬 불리하다. 말레이시아나 태국 등의 경우 토지가 거의 국가 소유여서 저렴하게 부지를 공급할 수 있다. 게다가 도로, 상하수도 등 각종 인프라까지 정부가 구축한 단계에서 민간에 투자하라고 손짓한다. 그렇게 개발한 골프장과 호텔 등 위락시설의 가격이 저렴할 것이란 건 자명하다.

반면 우리는 경쟁력 강화라는 원칙론에는 찬성하면서도 쥐꼬리만한 규제 완화에도 벌벌 떤다. 민간업체는 엄청난 보상금을 지불하면서 비싼 토지를 사들여야 한다. 도로나 상하수도 같은 각종 인프라는 당연히 스스로 구축해야 한다. 완성하고 나면 운영 과정에서 세금도 엄청나다. 이용 가격이 세계 최고 수준이 될 수밖에 없는 필연성을 지니고 있는 셈이다.

따라서 발상을 바꾸어야 한다. 저렴한 토지를 공급하기 위해 지자체가 땅을 수용하거나 여건이 허락치 않을 경우 주민들이 개발업체에 땅을 임대해 주고 임대료를 받는 것도 생각해 보아야 한다. 땅을 현물로 출자해 배당이익을 받는 동시에 사업이 안 되어 청산할 경우 땅을 농민들에게 되돌려주는 조건도 내걸 수 있다. 또, 새로 생긴 레저업체가 땅 제공자나 지역민 자녀들을 채용하는 등의 가능한 모든 영역에서 상생 방안을 마련하여 비용을 낮춰야 한다.

자동차 같은 공산품이나 농산물도 마찬가지지만, 서비스업 부문에서도 이제 애국심을 빌미로 소비자의 후생을 희생하는 전략을 짜서는 안 된다. 그런 전략은 더 먹혀들지도 않을뿐더러 종국에는 비용만 증가시킨다. 능력에 맞게 재화와 서비스를 선택할 수 있고, 또 그런 다양한 구미의 수요를 충족할 수 있을 때 말썽 많은 국부 유출도 막을 수 있다.

선진국은 돈 쓰는 데 자유롭다

우리나라는 선진국일까, 개발도상국일까? 가끔씩 이런 질문을 받으면 선뜻 대답하기가 힘들다.

개도국이라고 하면 언뜻 동남아나 남미 국가들이 떠오르는데 그쪽보다는 훨씬 잘사는 것 같고, 선진국이라고 하면 "선진국을 닮아야 한다"는 이야기를 귀에 닳도록 듣다 보니 아직 아닌 것 같다.

이 정체성의 혼란은 사실 어느 곳에도 확실히 속하지 못했기 때문에 생긴다. 흔히 선진국의 판단 기준을 OECD 가입으로 보기도 하고 1인당 GDP로 따지기도 하지만, 그것이 전부는 아니다. 따지고 들자면 공중의식의 수준도 봐야 하고 문화적 소양도 중요하다.

선진국의 특징은 여러 가지다. 그중에서도 하나가 "돈 쓰는 데 자유롭다"는 것이다. 돈 있는 사람이 자가용 제트기를 사든, 혼자 보기 아까운 바닷가 절경 수만 평을 정원으로 삼든, 아니면 수백억 원을 소외 계층에 기부하든, 어느 쪽도 욕을 먹지 않는다.

유럽이나 미국에 가보면 부잣집의 엄청난 호화로움에 입을 다물지 못할 때가 많다. 이건희 회장의 집은 그에 비하면 '새 발의 피'다. 필자는 영국의 한 백작 저택에 초청받아서 방문한 적이 있었고, 미국의 부잣집에는 관광으로 들른 적이 있다. 수백만 평의 대지에다 성처럼 지어진 건물, 100여 개의 방과 수영장, 요트장, 헬기장, 테니스 코트, 호화로운 샹들리에와 세계 유명화가의 그림과 조각상, 이태리제 최고가의 가구, 전용 제트기 등 일일이 열거하기도 힘든 부를 과시하고 있었다.

그리고 수많은 관광객들은 아이들에게 나중에 돈을 모아서 저렇게 살아보라는 꿈을 주고 있었다. 부자가 맘껏 쓰면서 돈의 가치를 즐기든, 아니면 빌 게이츠처럼 검소하게 살면서 막대한 기부로 삶의 가치를 찾든 그것은 선택의 문제다. 후자가 여러 관점에서 보면 바람직해 보이지만 그렇다고 모든 부자들에게 그것을 강요할 수는 없다.

그러나 선진국의 부촌에는 우리에게 없는 것이 몇 가지 있다. 우리처럼 빈민연대가 와서 시위를 벌이지 않는다. 또 '부자들은 전부 도둑놈'이라는 적개심이 없다. 선진국에서는 호화주택의 개보수가 늘 있는 일이기에 뉴스가 아니지만, 우리에게는 이건희 회장이 큰돈을 들여 자택을 개보수했다는 소식이 검색순위 1위의 뉴스가 된다. 재벌집 결혼식은 억지로라도 검소하게 해야 욕을 덜 먹는다. 부자가 부자답게 쓰면 욕을 먹고 부자가 궁상을 떨면 그래도 존경을 받는다.

이것은 참 아이러니다. 부자들의 씀씀이를 시기하는 서민들은 사실은 부자가 지출을 많이 해야 소득이 느는 데 말이다. 이는 분배 위주의 정책이 서민에게 더 큰 고통을 안겨준 참여정부의 사례에서 이미 검증되었다.

부자들이 나라 안에서 눈치 보며 살아야 한다면 할 수 있는 선택은 나라 밖에서 맘껏 쓰는 일이다. 그러나 부자가 밖에서 돈을 쓰면 서민들의 삶은 고단해진다. 이제는 능력에 따라 돈 쓰는 것을 인정해야 한다. 그래야 자신도 꿈을 가질 수 있다. 부자들이 쓰는 것을 비난하면서 자식들에게 부자가 돼라고 할 수는 없다. 위화감은 시장경제의 부정적 파생물일 뿐, 그것이 절대적인 가치가 되어서는 안 된다. 소비 진작이나 서비스 고급화를 이야기할 때 어김없이 나오는 논리가 국민들 간의 위화감 조성이다. 사실 우리나라만큼 위화감이 사회 모든 부분의 의사결정에서 결정적인 영향력을 미치는 나라가 별로 없다.

앞서도 이야기했지만, 부의 정당성을 빌미로 부자를 경원시하는 것은 미래에 도움이 되지 않는다. 그보다는 아이들에게 부자의 꿈을 심어주고, 나중에 부자가 된 뒤 돈을 잘 쓰는 방법을 가르쳐주는 것이 건강한 사회를 위해 훨씬 바람직하다. 그러기 위해서는 위화감의 덫에서 벗어나 차별을 인정하는 의식을 길러야 한다.

상대와 나를 인정하는 교육을 시켜라

위화감의 덫에서 벗어나는 가장 좋은 길은 교육이다. 상대와 자신을 있는 그대로 인정하면 위화감이 생길 리 없다.

독일에서 근무하는 상사 주재원들의 이야기를 들은 적이 있다. 독일에서는 학생들의 자질을 일찌감치 파악해 우리 같으면 중학교에서 진학할 때 어떤 학생은 대학을 겨냥한 인문계 진학을 권하는 반면, 어떤 학생에게는 공고 등 기술 계통으로 가기를 권한다.

대부분의 독일 부모들은 이를 합리적인 권고로 받아들여 따르는 반면, 한국 교포들은 노발대발한다고 한다. "우리 애가 뭐가 부족해서 공고를 보내라고 하느냐”는 것이다. 적성검사와 성적 등 합리적인 근거를 제시해도 막무가내로 인문계로 보내겠다고 아우성친다는 것이다. 바로 전형적인 한국인의 모습이다. “내가 뭐가 부족해서, 우리 애가 뭐가 못나서 남들 하는 걸 못하게 하느냐”는 의식이다. 나와 남은 분명히 다른데도 그것을 능력으로 비교하려 하면 극도로 반발하고 인정하지 않으려 한다. 능력의 차이를 인정하지 않으니, 남이 잘되는 것을 그냥 넘겨볼 수가 없다. 나보다 잘난 게 없는 이가 나보다 더 많은 돈을 벌고, 더 큰 명예를 얻는 것을 용납할 수가 없는 것이다.

‘승자독식’을 버리고 ‘전원승자’의 교육을 시켜라

방문 연구원으로 1년을 지내는 동안, 미국에서 팍팍한 삶을 이어가는 교포나 학위를 따야 하는 절박한 목적을 가진 유학생들과 달리 현실과 조금 떨어진 거리에서 한국과 미국의 삶을 객관적으로 따져볼 수 있었다.

미국에서 상담이나 각종 행사를 이유로 학교를 방문해 보면 많은 것을 느끼게 된다. 굳이 설명할 필요가 없는 학교 생활의 여유로움이나 선생님들의 친절함은 차치하더라도 한국 현실을 되돌아보며 씁쓸해지는 대목이 참 많다.

딸아이의 졸업식장에서 느낀 것도 그렇다. 교장선생님과 내빈 훈시 등 우리네 졸업식장에서 볼 수 있는 장면들이 그곳에도 있지만, 한 가지 특이한 것은 과목별로 따로 우등생을 선정해 일일이 불러내어 치하하고 상을 준다는 것이다. 그뿐이 아니다. 잠깐 다녀가는 외국인 학생들도 따로 평가해 상을 주고 박수를 보낸다. 다시 말해 졸업식장에는 들러리가 없다. 거의 모든 학생이 제 나름대로 상을 받고 우쭐해하며 축제 같은 졸업식을 즐기고 있었다.

내 딸도 예상치 않은 상을 받았다. 졸업 때까지 영어를 미국 아이들만큼 잘 못하고 친구들과 활발하게 어울리지도 못했지만, 짧은 1년간 최선을 다했다며 준 상이었다. 낯선 이국땅에 적응하느라 초반에 눈물을 짜며 상심하던 딸아이는 졸업식 때 금박을 입힌 상장을 받아들고는 얼마나 환하게 웃었는지 모른다. 모든 이가 자신의 가치를 인정받는 자리였다.

그 순간 한국의 현실이 떠올랐다. 한국의 졸업식장은 승자독식勝者獨食의 무대다. 국어, 영어, 수학, 과학 등 모든 과목을 합산해서 제일 잘한 몇몇 아이들이 교장상, 육성회장상, 시장상, 교육감상 등을 독식한다. 함께 졸업을 하는 수많은 학생들은 상 받는 우등생들의 들러리다. 그러니 자신이 초라해지고 기분이 상하며, 그것은 상대를 인정하기 싫어하는 마음이 들게 한다. 결국 '잘난 상대'와 '타인이 가진 가치'를 인정하지 않는 정신적 토대가 학교에서 길러지는 셈이다.

미국은 많은 단점도 안고 있지만 초일류국가의 바탕을 지키는 확실한 토대가 있는 나라였다. 그중 하나가 다양한 가치를 인정하는 문화였다. 너는 공부를 잘하지만 나는 운동을 잘 하니까 꿇릴 게 없는 사이가 되며, 서로 인정하는 관계를 유지하는 것이다. 미국은 바로 다양한 승자를 통해 인종과 빈부 갈등 등을 녹여내며 초일류국가를 다져가는 나라였다.

이렇게 서로의 가치를 인정하면 부자나 명예를 지닌 사람을 미워할 이유가 없다. 나도 내 나름의 가치가 있고 자부심이 있기 때문이다. 교육부터 바꾸어야 한다. 부자와 정치인의 잘못은 지적해야 하지만, 그들을 미워하라고 가르쳐서는 안 된다. 우리 사회에 만연한 위화감의 덫에서 빠져나올 수 있는 가장 좋은 방법은 바로 아이들에게 상호인정의 문화를 가르치는 것이다.

서민을 앞세운 정책에 실속은 없다

시민단체뿐만 아니라 언론, 공무원, 정치인이 여론을 형성할 때 가장 많이 팔아먹는 단어가 '서민'이다. 서민을 위한다는 명목으로 정책을 입안하고, 잘못을 비판하면 거칠 것이 없다. 그들에게 서민은 가장 다루기 쉬우면서도 가장 강력한 무기인 셈이다. 다수의 서민을 위한다는데 어느 누가 감히 반대 입장을 표시할 수 있겠는가.

서민은 궁극적 보호 목표요, 모든 정책적 가치 판단의 기준이 된다. 그러다 보니 서민은 어느 순간 응석받이가 된다. 자신이 저지른 잘못도 사회와 국가의 잘못으로 돌린다. 보험에 가입했으면 당연히 보상받을 피해도, 국가의 잘못이라며 국가가 배상하라고 막무가내로 요구한다. 도저히 받아들일 수 없는 비합리적 요구도 서민의 이름으로 서슴지 않는다. 자신의 판단대로 투자를 했다가 손해를 보면 정부가 제대로 관리하지 않은 탓이라며 대책을 요구한다.

그러다 보니 서민은 무소불위다. 그러나 실속이 없다. 모든 권력이 서민을 위한다지만, 실상 서민들이 얻는 것은 차별과 설움이다. 그 이유는 권력에 이용당했기 때문이다. 이제 서민은 자신들이 왕이 아니란 사실을 알아야 한다. 보호받아야 할 대상이 아니라, 스스로 서지 않으면 아무도 도와주지 않는 광야에 홀로 서 있는 존재라는 걸 자각해야 한다. 그래야만 '시장'이란 광야에서 살아나갈 수 있다.

서민을 위한다는 수많은 정책들, 비정규직을 보호한다는 허울 좋은 보호법들이 서민을 얼마나 괴롭게 했는가를 이제는 알아야 한다. 이런 자각은 처음에는 서글퍼질지 모르지만 궁극적으로 현실에 바탕을 둔 꿈을 꾸게 만든다.

현실적으로 들어갈 수 없는 강남을 보며 패배의식에 젖어 인생을 망칠 것이 아니라, 능력에 맞는 강북에 살면서 노력할 때 강남의 꿈도 키울 수 있는 것이다. 아이들에게 고액 과외를 못 시켜준 데 대해 한탄하며 자신과 사회를 원망할 게 아니라, 차선책으로 다닐 만한 학원을 찾아주는 것이 현실적이다.

차별을 인정하는 것은 한 단계 도약하기 위한 준비운동이다. 준비운동이 없는 무리한 운동은 허리를 다쳐 평생을 고통 속에 헤매게 만들 수 있다.

영웅을 인정하라

영웅이 있어야 꿈꿀 수 있다

우리에게 가장 아쉬운 것이 무엇일까. 석유 같은 천연자원이야 갈망해 봤자 없는 것이니 생기지는 않는다. 그러나 우리가 갈망하면 만들 수 있는 중요한 것이 있다.

그것은 바로 영웅이다. 가혹하게 말해서 우리에게는 영웅이 없다. 아이들에게 장래 누구처럼 되라고 말해 줄 인물이 과연 얼마나 있나 생각해 보자. 화폐에 도안으로 넣을 인물을 정하려 해도 국민적 공감대를 얻기가 좀처럼 힘들다. 삼성 이건희 회장처럼 돼라고 말하기도 힘들다. 해마다 몇 번씩은 탈세니 로비니 해서 여론의 도마에 오르기 때문이다. 역대 대통령을 닮으라고 할 수도 없다. 모두 독재자 아니면 쿠데타, 무능 등의 굴레를 쓰고 있기 때문이다.

현대사에 영웅이 하나 있었다. 바로 황우석 교수다. 그는 라이벌을 제외하곤 국민 모두가 좋아하는 영웅이었다. 그 영웅이 끝까지 갔으면 우리도 영웅을 배출하는 문화가 생겼을 것이다. 그러나 황 교수도 오래 가지는 못했다. 그래서 우리의 근·현대사에는 영웅이 없다. 역할모델이 없다 보니 아이들에게 꿈을 심어주기가 힘들다. 그래서 빌 게이츠를 빌려와야 하고, 힐러리를 모셔와야 한다. 영웅까지도 수입해야 하는 것이다.

이제는 우리의 영웅을 만들어야 한다. 영웅이 있어야 닮고 싶은 꿈이 생기고, 그 꿈은 젊은이의 가슴에 열망을 품게 하고, 그런 열망이 있어야 강국이 된다. 부자를 미워하고 질시하면서 자녀들에게 부자가 돼라고 말할 수는 없다. 정치가 썩었다고 비난하면서 훌륭한 정치인이 돼라고 꿈을 심어줄 수는 없다. 선생님을 욕하면서 좋은 교육자가 되기를 갈망할 수는 없다.

다소 부족하지만 부자, 정치가, 교육자 등 되고 싶은 사람의 좋은 면을 봐주고 그런 면을 닮도록 아이들에게 가르쳐야 한다. 엘리트들의 부정적인 면만을 부각시키면 아이들과 젊은이들에게 꿈이 사라진다.

좀 부족하더라도 '국산' 영웅을 만들어야 한다. 일단 영웅이 만들어지면 우리 민족의 누 떼의 근성이 긍정적 힘을 발휘할 수 있다. 모두 영웅이 되려고 달려갈 것이며, 그 와중에 수많은 반기문과 이재웅, 윤송이, 김연아, 최경주, 박지성이 탄생할 것이다. 그리하여 지폐 도안에 넣을 인물이 넘쳐나면 이미 한국은 더욱 강대한 나라로 세계사의 노정에 굳건히 설 것이다.

특정 분야에 도통한 사람이 영웅

기업 활동이든, 연구개발이든, 순수 학문이든, 정치든, 스포츠든 영웅은 확실한 개인기가 있어야 한다. 다시 말해 자기가 속한 분야에서 최고가 된 이가 영웅이 되어야 한다. 그 개인기가 홍보와 정치력에 의한 것이어선 안 된다.

어중간한 연출과 깊이 없는 개인기로 치장된 프로는 잠깐 동안의 유행은 만들어낼 수 있을지언정 영웅은 될 수 없다. 자기 분야에 대한 순수한 열정이 결실을 낳고, 결실이 위대한 평가와 명성을 낳는, 순리에 따른 영웅이어야 한다.

영웅의 불모지에서 탄생한 조작된 영웅은 사회 전반에 가치관의 혼란만 초래한다. 최근 우리 현대사에는 정치적인 선전 · 선동의 목적에서 그런 영웅들이 탄생했다가 진실 논란에 휩싸이고 결국 스러진 사례가 많다. 영웅에 대한 부정적 인식과 불신만 키워준 셈이다.

무엇보다 영웅은 해당 분야에서 공인된 최고의 전문가여야 한다. "도를 통한다"는 말처럼 한 분야에서 일가를 이룬 사람은 영웅의 1차적 조건이 될 수 있다. 순수한 열정의 결정체를 만들어내고, 그것을 보석처럼 대하는 사회 분위기가 받쳐준다면 영웅이 탄생할 수 있다. 우리 사회에는 그런 순방향의 영웅이 필요하다.

빌 게이츠는 세계적인 영웅이다. 프로그래머로서 순수한 열정을 가진 젊은 청년이 세계를 지배하는 회사 마이크로소프트를 만들었고, 세계가 그를 인정했다. 그는 세상에 새로운 지식사회를 전파하는 전도사가 되었다. 수많은 기부 행위로 부의 모범도 함께 보여주고 있다.

영웅은 열정만 갖고 되는 것은 아니다. 영웅이 되려면 천재성과 열정을 함께 가지고, 또 결과물을 보여야 한다. 당연히 그런 삼박자를 갖추기는 쉽지 않다. 복권 1등 당첨이 오히려 쉬울 수 있다. 그러나 당첨자가 없을 것 같은 복권 1등에도 늘 행운의 주인공이 탄생하는 것처럼, 잠재적인 영웅들은 끊임없이 탄생하고 있다. 잠재적 영웅이 있다면 기꺼이 실제의 영웅으로 다듬어야 한다. 그것이 우리의 미래를 위한 길이기 때문이다.

영웅을 질시하는 사회는 미래가 없다. 진정한 영웅은 사회발전을 위한 가장 큰 촉진제가 되며, 그런 영웅이 많은 사회는 예상보다 좋은 결과를 낳고 미래를 맞는 '불사조의 나라'가 될 수 있다.

완벽한 영웅은 없다

사극 드라마의 주인공은 항상 완벽하다. 수많은 등장인물 중 예외 없이 가장 잘생기거나 예쁘다. 전투 능력도 가장 뛰어나며, 인간성마저 가장 좋다. 작전을 담당하는 군사軍師가 있지만, 그래도 가장 현명한 결정은 주인공이 하며 그 결정은 예외 없이 가장 큰 성공을 거둔다. 더 바랄 게 없는 영웅이다.

그러나 그것은 드라마이기 때문에 가능하다. 실제로는 강감찬 장군이나 태조 이성계가 미남은 아니었고, 유관순 열사가 절세미인은 아니었다. 또한 세종대왕이 뛰어난 싸움꾼이란 기록도 없다.

오래전에 영화 〈아마데우스〉를 보면서 느낀 불편함이 기억난다. 천재음악가 모차르트는 너무나 많은 인간적 결점을 가진 이였다. 탁월한 천재성에 비해 그의 인격은 너무나 경박했다. 남을 배려할 줄 모르고 여성들과 천박한 장난을 즐기며, 가정과 사회에 대한 책임감도 전혀 없는 철없는 천재였다. 그에게는 절제와 겸양도 없었다. 차라리 그를 죽음으로 몰아넣는 악역 살리에르가 훨씬 더 성숙한 인격체였다.

영웅의 완벽성에 익숙한 사람들에게 그런 모차르트는 주인공으로서 합당치 않았다. 그만큼 불편한 감정을 자아냈다. 그러나 그것이 바로 인간적인 영웅의 모습이다. 성경에 나오는 수많은 위인들도 비슷하다. 위대한 지도자로 추앙받는 모세나 다윗, 솔로몬 등도 일반인과 똑같이 수많은 모순과 약점을 보여준다. 그러나 그런 약점을 뛰어넘는 위대한 정신이 그들을 영웅으로 만들었다.

영웅의 작은 실수를 용납하자

우리 사회는 영웅이 신神이기를 바란다. 신이 아니라면 적어도 빌 게

이츠 같은 사람이길 바란다. 천재성과 도덕성, 이타성을 함께 바라는 것이다. 그러니 맘에 차는 영웅을 찾기는 여간 어려운 게 아니다. 천재성을 가졌더라도 자그마한 인간적 결점이 있으면 난도질하고 밟아버린다. '재능 좀 있다고 까부는 거냐'는 심리다.

한 분야에 뛰어난 이가 있으면 다른 쪽은 다소 미흡하더라도 그를 인정하고 북돋우며 가꾸어야 한다. 그래야 영웅의 싹이 자랄 수 있다. 열매는 훌륭한데 색깔이 맘에 안 든다며 뿌리를 뽑아버린다면 좋은 과실을 얻기 힘들다. 영웅도 사람이며 성숙하는 데 세월이 필요하다. 영웅의 탄생을 좀더 여유롭게 기다리는 사회 분위기도 무엇보다 중요하다.

실사구시를 지향하라

실속을 따질 것인가, 체면을 챙길 것인가

미국에는 월마트WalMart의 계열사로 샘스클럽Sam's Club이라는 회원제 할인점이 있다. 연간 4만 원 정도의 입회비를 내면 월마트보다 훨씬 더 싼값으로 질 좋은 물건들을 살 수 있다. 어느 곳을 가도 샘스클럽은 만원을 이룬다. 이 샘스클럽은 특히 좋은 약을 싸게 팔기로 유명하다. 미국 연수가 끝날 즈음 귀국 선물로 약을 사려고 샘스클럽에 들른 적이 있다.

샘스클럽에서는 성분은 같지만 가격은 천차만별인 약들이 많다. 아스피린의 경우도 정통 제품으로 불리는 바이엘 제품은 샘스클럽 자체 상표로 파는 것보다 최소 50퍼센트 이상 비싸게 팔린다. 약사에게 뭐가 다르냐고 물으면 "성분과 약효에 차이가 없다"고 대답한다. 그런데 유독 한국 사람들은 선택에 고민이 많다. 샘스 제품을 선물로 갖다 주면 받는 사람이 기분 나빠할 수 있다는 것이다. 약사가 권하는데도 몇 번이고 망설이다가 이름만 대도 알 수 있는 유명 제품을 사고 만다. 반면에 미국인은 대개 양이 많으면서 품질에 차이가 없는 샘스 제품을 선택한다.

이렇게 우리가 실속보다 겉치레를 중시하는 반면, 중국인은 대개 실속을 따진다. 한 중국인 사업가가 결혼기념일에 부인에게 명품시계를 사줬다고 한다. 그러나 큰맘 먹고 산 선물을 보고 부인은 남편에게 화를 내며 시계를 바꿔오라고 했다. 시계가 가짜였던 게 아니다. 가짜로 바꿔오라는 것이었다.

중국에는 가짜 명품이 많다. 가짜 중에서도 특급은 오히려 진짜보다 낫다는 말까지 있다. 명품은 실제로 브랜드 가치가 상품 가치의 80~90퍼센트를 차지한다. 중국인 아내는 똑같은 품질인데 10배가 넘는 가격을 주고 진품을 살 이유가 없다고 생각한 것이다.

이런 사례는 아직 중국인들이 특허나 브랜드 같은 지적재산권에 익숙하지 않아 생긴 일로도 볼 수가 있다. 그러나 그 이면에는 형식보다 실속을 따지는 중국인의 심성이 깔려 있다. 사회주의 이념을 표방하는 중국이 등소평의 '백묘흑묘론白描黑描論'의 기치를 따른 것도 그런 배경에서 이해할 수 있다. 흰 고양이든, 검은 고양이든 쥐를 잘 잡는 놈이 쓰임새가 있는 것이다. 형식과 체면도 지나치면 그만큼 자원을 낭비하게 된다.

차라리 경제학 전공한 신부님을 뽑아라

참여정부 들어 장관 임용도 청문회를 거쳐야 한다. 참여정부가 고위직 인사에서 도덕성을 최우선시했기 때문이다. 그런데 청문회를 지켜보면 도대체 무엇을 위한 청문회인지 알 수 없어 기가 찰 때가 많다. 그러나 그에 대해 정면으로 반박하기도 쉽지 않다. 장관이란 공인에게는 참된 도덕성의 확보 여부도 분명 중요한 것이기 때문이다.

그러나 장관에게는 도덕성이 본질이 아니다. 경제장관이면 나라의 예산으로 살림을 잘 꾸려갈 식견이 있는지, 해당 부처의 인적자원을 효율적으로 관리할 능력이 있는지를 가장 우선적으로 살펴야 한다.

그러나 매번 반복되는 청문회는 그렇지 않다. 사돈의 팔촌까지 문제성 여부를 따지고 교통위반은 물론, 손자의 위장전입 사례까지 따진다. 부동산이나 주식 투자도 웬만하면 부도덕한 투기로 몰고 간다. 수십 년 전에는 그다지 큰 잘못으로 여겨지지 않던 명의신탁도 큰 죄가 되며, 조부의 친일 행적은 결정타가 된다.

장관 후보에 오를 정도면 웬만큼 검증된 인물들이다. 그렇다고 완벽한 사람은 아니다. 살다 보면 작은 실수도 할 수 있고 그것이 훨씬 더 인간적이다. 그러나 청문회의 분위기는 작은 실수도 마치 엄청난 잘못인 양 과대 포장된다. 사소한 흠집이 있더라도 그 분야에 탁월한 능력이 있으면 장관으로 임용해야 한다. 그 편이 모든 이에게 득이 된다. 그러나 우리나라에서는 도덕성이 마치 최고의 선인 양 정치와 언론에 의해 포장되고, 그리하여 국민들은 무심히 그런 현상을 받아들인다.

그러려면 경제부 장관은 경제학 전공한 신부님을, 보건복지부 장관은 사회복지학을 전공한 스님을 앉히는 게 낫다. 본질과 형식이 전도되면 실속이 없다. 실속 없는 장관들이 남발하는 정책은 국민을 피폐하게 만든다.

불이 나면 비싼 생수라도 불 끄는 데 써야 한다

뛰어난 재능과 공로가 있는데도 확실치도 않은 땅 투기 파문으로 공직생활의 마지막이 불운했던 이헌재 전 경제부총리는 언젠가 이런 말을 한 적이 있다.

"불이 났으면 불 끄는 일이 무엇보다 최우선입니다. 주변에 불을 끌 수 있는 수단은 뭐든지 활용해야 합니다. 허드렛물이 없으면 비싸게 사들인 생수라도 뿌려야 합니다. 그런데 우리나라에서는 불을 끄고 나면 왜 비싼 생수로 불을 껐느냐며 난리가 납니다."

외환위기 직후 수많은 금융기관들이 존폐의 기로에 서 있을 즈음, 한국은 외국자본 유치를 위해 민관이 물불을 가리지 않았다. 살려 달라고 비는 처지다 보니 제값 못 받고 외국자본에 파는 일도 비일비재했다. 그러나 문을 닫는 것보다 나은 것이 헐값 매각이었다. 그래야 최소한 어느 정도의 고용도 유지될 것이고 경제도 자생력을 가질 것이기 때문이다.

그러나 화장실 들어갈 때와 나올 때 마음은 다른 법이다. IMF 사태를 극적으로 극복하고 나더니 예전의 일이 불현듯 생각났다. 외환위기라는 불을 끄는 데 하등의 기여도 하지 않은 사람들이 그때의 잘못을 단죄하겠다며 나섰다.

그것은 국민정서에도 부합되는 일이기도 했다. 왜냐하면 수많은 서민들이 구조조정의 소용돌이 속에서 직장에서 튕겨나와 허허벌판에 내동댕이쳐졌기 때문이다. 그들은 지금에라도 어떤 식으로든 예전에 당한 일에 대한 복수를 하고 싶어 한다. 그 결과 금융 및 기업 구조조정 과정에 개입된 수많은 사람들이 수사를 받고 구속되었다가 무혐의로 풀려나기도 했다.

그 와중에 외국인도 도마에 올랐다. 외국인은 환란 때 헐값에 사들인 국내 기업과 금융기관의 지분을 증시에서 비싸게 팔아 거액의 시세차익을 거두었다. 그 과정에서 일부 외국인이 편법과 불법을 동원했다지만, 그것이 전부는 아니었다. 그러나 불난 집에서 손님이 한몫 챙겼다는 여론은 싸잡아서 외국인 투자자들을 비난했다.

외국인은 외국인대로 어처구니없다는 반응이다. 물에 빠진 사람을 살려주니까 보따리까지 내놓으란 게 아니냐는 심정이다. 외환위기 직후의 한국 시장은 세계에서 가장 위험한 시장이었다. 위험한 시장의 투자는 고수익을 전제로 하지 않으면 위험을 감수할 이유가 없다. 그런데도 한국인은 높은 위험을 무릅쓴 외국인의 고수익 투자를 용납하지 않으려 한다.

비싼 생수로 불을 껐다고 질책하면 앞으로 위급한 상황에서 불을 끄겠다고 나서는 사람은 아무도 없을 것이다. 물에서 건져준 사람에게는 보따리를 내놓으라고 다그칠 게 아니라 적절한 보상을 해주는 게 도리다. 잘못이 있으면 따져야 한다. 그러나 긴박한 상황 때문에 결과가 완벽하지 못한 경우는 좀더 너그러워질 필요가 있다. 뒤늦게 반추하며 미흡한 결과를 질책하는 일은 비겁한 일이 아닐 수 없다.

원칙에도 유연성이 있어야 한다

어려운 결정을 앞두고 논쟁할 때 고민하지 않고 이기는 방법은 원칙을 지키자고 소리를 높이는 것이다. 원칙을 지키자는 고성에는 어떤 논리도 이겨낼 방법이 없다.

원칙을 강조하면 밑져도 본전이다. 왜냐하면 일이 잘되면 원칙을 지켰기 때문이란 찬사를 얻게 되고, 잘못되더라도 원칙을 지켰다며 떳떳하게 고개를 들 수 있기 때문이다. 그러기에 복잡 미묘한 상황에서, 생각이 짧고 게으른 사람들이 가장 잘 선택하는 논쟁의 토대가 원칙론이다. 그러나 때로는 원칙이 엄청난 희생을 요구하기도 한다.

쉬운 예로 테러집단과의 협상이 있다. 지난 2004년 러시아에서 체첸 반군들이 러시아 초등학교에 난입해 어린아이들과 교직원 수백 명을 인질로 잡은 적이 있었다. 원칙주의자인 푸틴 대통령은 "반군과의 협상은 절대 없다"고 잘라 말했다. 그리고는 특공대를 투입했다. 반군들도 결사 항전했고, 이 과정에서 어린이를 포함한 수백 명의 꽃다운 목숨이 희생되었다. 작전은 실패였지만 푸틴은 욕을 먹지 않았다. 원칙을 지켰기 때문이다.

이와 반대로 아프간에서 탈레반에 잡혔던 한국인 인질사태를 보자. 정부는 인질사태 해결을 위해 고민에 빠졌다. 어엿한 국가가 일개 반군을 상대로 협상을 한다는 것은 원칙에 어긋난 일이었다. 그것은 실질적인 결과를 떠나 외교적인 관례를 깨는 위험한 일이며 국가의 체면으로 보아 창피한 일이었다.

그러나 국가의 위신보다 더 중요한 것은 국민의 목숨이다. 그래서 정부는 국가정보원을 통해 테러집단과 비공식 접촉을 했고, 수백억 원을 테러집단에게 줬다는 갖가지 오명에도 불구하고 국민의 귀중한 목숨을 구한 것이다.

러시아와 한국 중 어디가 더 잘한 것일까? 무리한 선교에 대한 비난 여론이 만든 반감 때문에 인질들의 무사 귀환이 평가절하된 면이 없지 않지만, 그래도 국민의 목숨이 최우선이란 공감대에는 큰 차이가 없을 것이다. 다른 국가들이 한국의 '원칙 파괴'를 대놓고 비판하지 못하는 것도 그들 역시 '목숨'이 최우선이란 공감대를 갖고 있기 때문이다.

원칙은 조직과 국가를 지탱하는 가장 중요한 정신적 근간이다. 그 원칙이 흔들리면 모든 의사결정이 힘을 잃게 되고, 사회는 가치의 혼란에 빠질 수밖에 없다. 그러나 원칙은 때로 곤란한 상황과 희생을 요구하기도 한다. 때로는 쉽게 얻을 수 있는 이익의 포기를 강요한다.

원칙에도 우선순위가 있다. 외교적 관례를 지키는 것도 원칙이지만, 국가가 국민의 생명을 지켜주는 것도 포기할 수 없는 원칙이다. 양립할 수 없는 원칙 앞에서는 명분보다 실리를 따져야 한다. 그것에는 많은 고민과 함께 사회적 합의를 이끌어내는 지도자의 역량이 필요하다.

명분보다는 실속을 따지는 법을 만들어라

최근 우리나라에서 '빛 좋은 개살구'로 가장 악명을 떨치고 있는 법이 뭘까? 많은 사람들은 비정규직 관련법을 든다. 똑같은 일을 하고도 임금에서, 처우에서 차별받는 비정규직은 현대판 카스트 제도의 희생양이라는 지적까지 나온다. 그래서 그들을 위한 법 제정은 명분 있는 일이기는 하다.

그러나 비정규직이 노동시장의 탄력성을 기반으로 하는 시장경제의의 산물이란 점도 인정해야 한다. 기업이 값싼 비용으로 똑같은 생산을 달성한다면 그만큼 효율적인 선택은 없다. 경기상황에 따라 노동이란 투입비용을 맘대로 조절할 수가 있다면 기업의 생존력은 그만큼 높아지는 셈이다.

인정해야 하는 시장 논리 앞에서 약자 배려의 원칙으로 만든 것이 바로 비정규직 법안이다. 그런데 그런 법안이 제 역할을 못하고 있다. 비정규직의 고용안정은커녕 수많은 비정규직 노동자들을 오히려 벼랑 끝으로 내몰고 있다. 2년 고용 후 정규직화해야 한다는 조항 때문에 지금도 수많은 비정규직들이 만 2년이 되기 직전에 직장에서 쫓겨나고 있다.

캐디특별보호법도 그렇다. 정부가 비정규직인 캐디들을 보호한답시고 정규직 전환을 골자로 한 보호법을 제정하려 하자 골프장 업주들은 비용 증가를 이유로 차라리 캐디 없이 골프장을 운영하겠다는 뜻을 일제히 밝혔다. 결국 캐디보호법 때문에 약 2만5천 명으로 추정되는 캐디들이 일자리를 잃게 될 위기에 처한 것이다.

상황이 이렇게 되자 캐디들이 자신들을 위한 보호법이 싫다며 성토하고 있다. 캐디자치회는 비정규직인 지금의 처지가 좋다며 제발 정부가 긁어 부스럼 만들지 말아 달라며 호소했다. 그들은 현 상태가 편한 시간에 마음대로 출근해 시간 활용이 쉬울뿐더러, 기혼자들도 충분히 일할 수가 있다는 점을 들어 "정부가 여성인력을 진정으로 보호하는 선택을 해 달라"고 촉구했다.

보험업계나 학습지업계도 상황이 비슷하다. 보호받을 대상이 스스로 싫다고 거부하는 법의 효용가치는 어디에 있는 것일까? 아마도 명분을 위한 정치 논리에서 찾을 수 있을 것이다.

서민의 술, 소주에 대한 세율을 올리는 것도 "어찌 감히 서민의 술에 손을 대느냐"는 국민정서가 매번 가로막고 있다. 근로소득세를 올려 세원을 마련하는 것보다 차라리 소주세율을 올리는 것이 훨씬 낫다. 세금 때문에 오르는 가격이 사실 조족지혈인데다, 가격 상승으로 소비가 줄면 국민의 음주량이 줄어 건강 증진에 도움이 될 것 아닌가.

정치 논리는 아름답지만 현실적이지 못한 부분이 너무 많다. 약자 배려의 원칙과 공익 우선의 원칙은 좋은 것이지만 현실에 토대를 두지 않고선 실효성이 없다. 그럼에도 불구하고 우리의 많은 정책들은 실효성보다는 명분에 집착하고 있다.

명분에 집착한 법은 사회의 피로감만 높인다. 그럴 바에는 차라리 시장의 힘에 의해 굴러가게 놔두는 편이 경험적으로 보면 훨씬 효율적이다.

'효자 나라'는 제도와 돈으로 만들어라

아직 찬바람이 쌀쌀하게 부는 이른 봄 저녁, 할머니 한 분이 재래시장의 자재창고 부근에 쪼그리고 앉아 있었다. 아무도 관심을 가지는 이가 없었다. 저녁이 되고 가게들이 하나둘 문을 닫고 재래시장에 어둠이 짙어가는데도 할머니는 그 자리에서 움직이지 않았다.

새벽에 마지막으로 가게 문을 닫은 상인이 할머니를 발견하곤, "여기서 잠이 들면 큰일난다"며 할머니를 파출소로 데려갔다. 경찰이 할머니에게 댁을 묻자 할머니는 집이 없다고 대답했다. 아들 딸 주소나 전화번호를 대라고 하자, 자식이 없다고 말했다. 그리고는 할머니는 어떤 질문에도 더 말을 하지 않았다.

경찰은 다음 날 할머니의 인적사항을 알아보기 위해 재래시장을 탐문했다. 그런데 어이없게도 할머니는 시장에서 각기 다른 장사를 하는 남매의 어머니였음이 밝혀졌다. 경찰은 남매를 파출소로 불러 어머니를 버린 동기를 추궁했다. 자식들은 어머니를 버린 게 아니라고 항변했고, 할머니는 그런 자식들 편을 들었다.

두 남매는 어머니를 번갈아 몇 달씩 모시고 있었는데, 여동생은 오빠 차례가 되었다며 어머니를 오빠 가게에 모시고 갔다는 것이다. 그런데 오빠는 형편이 힘들다며 여동생이 더 맡아 달라고 말했고, 여동생은 화를 내며 어머니를 두고 갔다. 두 남매가 싸우는 것을 보다 못한 어머니는 멀리 떨어진 창고 입구에 고단한 몸을 쉬고 있었다. 오빠는 어머니가 보이지 않자 여동생이 모셔갔겠지 생각하고 집으로 가버린 것이다.

이런 기가 막힌 일들은 요즘 우리 사회에 빈번하게 일어나고 있다. 유독 효를 강조하는 나라, 그래서 위대한 역사학자인 토인비가 세계가 따라야 할 가족제도의 모범국가로까지 규정했던 우리의 모습이다.

현실이 이렇지만 우리는 여전히 효에 집착한다. 세계 최초로 효행장려법을 통과시킨 것도 그런 배경에서다. 효행장려법의 내용을 보면, 5년마다 부모 부양가정을 실태조사하고, 효행 표창자에게 고궁이나 박물관 등 공공시설 입장 시 혜택을 주는 내용 등이 담겨 있다. 공공주택 입주 때 우선권을 주는 내용도 있다.

그러나 이런 법안의 효용성에 대해 의문을 제기하는 사람들이 많다. 효는 법안으로 제정해서 강제화할 수 있는 것이 아니란 것이다. 특히 부모를 직접 부양하는 것에 대한 지나친 의미 부여는 상황에 도움이 안 된다는 지적이 많다.

노인문제연구소의 박재간 소장도 이런 이야기를 자주 했다. 1990년대 초반 선진국들이 부모 부양을 법으로 강제하려다 부모 자식 간의 관계만 더 악화시켰다는 것이다. 양쪽을 억지로 묶어두면서 생긴 결과였다. 그리고 나서 세금을 걷어 노부모들을 간접적으로 부양하는 방향으로 정책을 바꾸었다는 것이다.

노인들을 직접 부양하게 하는 가장 좋은 방법은 무엇보다 보조금 지급이다. 노부모를 직접 부양하는 가정에 보조금을 지급하는 국가에서는 효도하라고 정부가 홍보하지 않아도 자식들이 알아서 부모를 잘 모신다. 돈을 준다고 부모를 잘 모시는 것은 위선적이라고 말할 이가 있을지 모르지만 그런 생각은 더 위선적이다.

인센티브 제공을 통해 부모를 모시도록 유도하는 게 냉혹하게 보일지 모른다. 그러나 그것이 훨씬 더 솔직하고 실속 있는 방법이다. 우리처럼 허울만 좋고 실속이 없는 것보단 훨씬 낫다. 우리의 효행은 껍데기만 남았다. 인정하기 싫더라도 돈이 효자를 낳는다는 사실, 달리 말해 제도와 금전적 지원이 효자 국가를 만든다는 사실을 인정해야 한다.

이렇게 보면 얼마 전에 나온 설문조사는 의미가 있다. 노부모의 재산이 많을수록 분가한 자식들이 더 자주 부모를 찾는다는 것이었다. 겉만 요란하게 법안을 만들고 효자 국가임을 내세우는 것은 위선이다.

무엇보다 재원이 문제다. 우선은 현재 있는 재원을 효율적으로 배분할 필요가 있다. 재벌노인이나 영세민 노인이나 할 것 없이 지원되는 노인 교통수당 같은 자금들을 진정으로 필요한 사람들에게 모아서 줘야 한다. 그리고 직접 부양보다는 간접 부양의 효과적인 시스템을 구축해야 한다.

토인비의 말처럼 우리가 진정으로 효의 문화를 지켜왔다면 효행장려법은 구태여 만들 필요가 없었을 것이다. 방향은 옳은데 제대로 안될 때 장려를 한다. 그렇게 보면 효행장려법은 자랑할 만한 전례 없는 법이 아니라, 이름값을 못하는 데 대한 자구책일 수 있다. 이름값을 하기 위해서는 명분의 위선을 벗고 실질적인 방안을 찾아야 한다.

다양성의 환상에서 깨어나라

KBS, MBC 양 방송사의 독과점 시장에서 지역문화의 발전이란 명목 하에 SBS를 필두로 각 지역 민방들이 속속 탄생했다. 지역문화의 발전과 지방민들의 문화적 욕구를 충족시켜 준다는 배경에서다. 그러나 현재 지역 민방이나 KBS, MBC 지방사들이 다양한 지역색을 발휘하고, 동시에 지역민들은 그러한 콘텐츠를 즐기고 있을까?

지방에서 뉴스를 보면 메인 뉴스의 경우 9시 뉴스든 8시 뉴스든 20분 안팎에서 해당 지역의 지방 뉴스가 들어간다. 그러나 상당수의 지방 시청자들은 이때쯤 채널을 다른 데로 돌린다. 아니면 케이블에 가입해 아예 끝까지 서울에서 보내오는 뉴스를 본다. 지방의 시청자가 자기 지역의 뉴스를 그다지 선호하지 않는 이유는 중앙이나 지방이나 관심사가 같을뿐더러 동질감을 느끼기 때문이다.

미국에서 살아보면 그 국토가 얼마나 넓고 얼마나 다양한 인종들과 문화가 존재하는지 절실히 느끼게 된다. 수많은 인종과 문화가 제각기 그들만의 분출구를 원한다. 그러기에 미국에는 수많은 채널이 있고 그 채널마다 존재의 필요성이 있다.

그러나 우리는 단일민족의 신화만큼 문화적 단일성도 강하다. 다양한 문화 콘텐츠를 제공하겠다며 출범했던 케이블TV가 도입 초기에 제대로 자리잡지 못하고 명멸을 거듭한 것도 이런 단일성을 이해하지 못했기 때문이다.

서울, 경기로 대변되는 중앙과 그 나머지 지방에 사는 우리나라 사람들의 관심사는 동일하다. 지방민들에게도 지방 소식보다 서울 강남의 집값, 서울의 행사와 사건, 그리고 중앙에서 벌어지는 정치가 더 관심이 있고 재미가 있다. 지방에도 다양한 문화적 차이가 존재하지만, 그것이 다민족이 모인 외국과 비교하면 상대적으로 크지 않다. 좁은 국토에서 지방마다 마치 커다란 문화적 개성이 존재하는 것처럼 거창하게 정책을 펴면 쓸데없는 비용이 낭비된다.

지역문화를 활성화한답시고 비슷비슷한 행사가 얼마나 많이 생겨났는가. 고추아가씨, 마늘아가씨, 녹차아가씨 등 갖가지 아가씨 선발 행사도 지방의 억지 개성을 연출하기 위해 만들어진 것이다. 다양성은 좋은 것일 수 있지만, 억지로 만든 실속 없는 다양성은 사상누각에 불과하다.

허망한 균형발전보다는 실속 있는 집중투자가 낫다

지난 2005년 전남 무안, 해남 일대의 화원단지 개발계획을 취재한 적이 있다. 1988년 노태우 당시 대통령의 공약사항으로 개발이 시작된 그 지역은 원래 계획대로라면 취재 당시인 2005년에 모든 사업이 마무리되었어야 했다. 호화로운 관광호텔과 쇼핑센터 옆 부두에 요트 300척이 아름다운 자태를 뽐내고 워터파크와 골프장에는 관광객들이 붐벼야 했지만, 눈앞에 들어온 모습은 공사 중단에 따른 거대한 흙더미와 흙먼지 날리는 비포장 도로뿐이었다. 수요 예측과 자금이 허락되지 않는 무리한 사업 추진으로 공정은 20퍼센트를 밑돌고 있었다.

미리 보상금을 받은 뒤 착공과 함께 이주하려던 주민들은, 개발이 지연되면서 눌러앉아 있다가 어장이 사라진 바다에서 빈털터리가 되었다. 뒤늦게 옮기려고 했지만 땅값이 올라 보상비로는 집이나 농토를 사기에 턱없이 모자랐다. 상황이 이런데도 정부는 다시 불과 6킬로미터 떨어진 곳에 다시 3천만 평 규모의 대규모 레저도시 건설계획을 발표했다. 해당 주민들은 레저도시 건설계획을 반기기보다는 두려워했다. 몰락한 화원단지 주민들의 처지가 눈앞에 어른거렸기 때문이다.

수요 기반을 고려하지 않은 무리한 개발의 결과는 균형발전이 아니라 지역의 몰락과 수도권 집중을 더 가속화한다. 균형발전이란 정치 논리 아래 만들어진 지방공단들 중 입주기업이 없어 조성비만 날린 곳이 한두 곳이 아니다. 또 14곳의 지방공항 중 10곳이 적자 상태며, 그중 양양공항이나 청주공항 등은 해마다 수십억 원에서 수백억 원이 넘는

적자를 내고 있다. 만들지 않아야 할 곳에 표심을 위해 무리하게 공항을 유치한 탓이다.

공기업이나 정부산하 기관의 지역분산 정책도 재고해야 할 부분이 많다. 지방에 본사나 본청을 이전한 공기업 사장이나 기관장의 경우에도 일주일에 절반 이상을 서울에서 주요한 회의나 국회 등에 참석해야 한다. 그러다 보니 서울에다 임시 사무실을 마련해 사용하는 경우가 많다. 그만큼 비용과 시간의 낭비가 심한 것이다.

그뿐이 아니다. 주요 사안을 언론에 브리핑할 때도 모든 자료를 싸들고 서울로 올라와야 한다. 왜냐하면 지방에서 보도자료를 내면 중요한 사안이라도 지방지에 작게 실릴 뿐 전국적으로 알릴 수가 없다. 그러니 통계청과 같은 많은 기관들이 일주일에 몇 번씩 직원들을 서울로 출장을 보낸다. 서울에서 해결해야 할 일이 많은데 사무실만 옮겨놓으니, 직원들이 길거리에 버리는 시간과 노력이 많아 보통 심각한 게 아니다.

본사나 본청을 옮기면 지역에 도움이 될 거라는 발상도 회의적이다. 어차피 직원 채용은 해당 지역이 아니라 전국적으로 하기 때문에 지역민들의 고용 안정과는 무관하며, 기존 직원들도 자녀 교육 등의 이유로 가족들을 서울에 남겨두고 단신 부임하는 경우가 많아 인구 유입 효과를 기대하기도 힘들다. 자칫하면 파리 날리는 공항이나 공단처럼 공기업 지방 이전의 구호도 허망해질 공산이 크다.

수도권에만 가능한 사업이라면 기꺼이 허용하라

지난 1998년 네덜란드 국적의 한 레저기업이 수도권에 60만 평방미터 규모의 대규모 레고랜드 테마파크를 만들려고 했다. 그러나 수도권 내 자연녹지에서 6만 평방미터 이상 개발은 불가능하다는 규제 때문에 결국 독일에 테마파크를 짓고 말았다.

그 네덜란드 회사가 당초 한국의 수도권에 테마파크를 만들려고 했던 것은 한국인뿐만 아니라 중국, 일본 등의 수요까지 겨냥한 것이다. 자연경관이 별로 없는 홍콩이나 싱가포르, 두바이 등이 대규모 위락시설로 세계인의 휴식처가 되었듯, 레고랜드를 만들었더라면 만성 적자인 우리나라의 관광수지가 상당 폭 개선되었을 법하다.

그러나 눈에 뻔히 보이는 이익도 규제의 경직성 때문에 물 건너간 일이 되었다. 대규모 레저단지는 어느 나라나 유치하려고 혈안이다. 세제 감면과 인프라 제공 등 갖가지 좋은 조건을 내걸며 세계 유수의 국가들이 손짓하고 있다. 그런데 한국은 "지역을 균형 있게 발전시킨다"며 굴러온 호박을 차버렸다.

지역 균형발전이란 것이 우리끼리는 의미 있는지 모르지만, 외국인 투자자 입장에서는 관심 밖의 사항이다. 네덜란드 기업이 한국의 균형발전을 위해 전남 해남에다 레고단지를 만든다는 건 어불성설이다. 할 수만 있다면 한반도 곳곳에 말 그대로 균형 있게 공장을 짓고 레저단지를 만들면 더할 나위 없다. 그러나 기업과 사람이 찾지 않는 공장과 레저단지는 아무런 의미가 없다. 특히 외국자본은 우리의 균형발전에 일조해야 할 아무런 이유가 없는 것이다.

　논란이 끊이지 않는 수도권 내 첨단공장 신·증설 문제, 외국자본의 수도권 투자 등은 나름대로 허용해야 할 타당한 이유가 있다. 그것을 정부나 정치권이 모르는 바도 아니다. 그러나 몇 년이 지나도 균형발전의 정치 논리는 좀처럼 위세가 꺾이지 않은 채 국가의 경쟁력을 좀먹고 있다. 우리나라에서는 유독 정치 논리의 무게만큼 경제가 죽어간다. 이런 고리를 끊어야 지속가능한 성장을 기대할 수 있다.

정정당당하게 겨뤄라

좋은 설비는 도입하지 말라?

국내 굴지의 자동차 부품 공장을 방문한 적이 있다. 전문가가 아닌 임시 방문객의 눈으로도 최첨단 설비가 한눈에 들어왔다. 모든 것이 자동화되어 있었다. 사람의 손이 가야 하는 컨베이어 시스템도 예전과는 차원이 달랐다. 일괄 공정의 특성상 예전에는 다른 한편에서 조립이 늦어지면 전체 컨베이어벨트를 멈춰야 했지만 이제는 그렇지 않았다. 에스컬레이터처럼 작업자가 벨트를 함께 타고 움직이면서 효율을 높였고 완성된 부품은 사람의 도움 없이 운반대를 따라 흘러가 컨테이너 차량 안까지 자동으로 이동되었다.

그런데 공장장의 이야기는 한숨을 자아내게 만들었다. 노조 때문에 시스템을 완전 가동하지 못하고 있다는 이야기였다. 완전 가동할 경우 인력에 대한 구조조정이 일어날 수 있다는 노조의 우려 때문이었다. 더 놀란 것은 다른 계열사 노조에서 이 공장을 견학했는데, 1차 견학 후 다시는 방문 신청을 하지 않았다는 것이다. 왜냐하면 자기네 회사에 이 시스템을 도입할 경우 노동 강도가 훨씬 강해질 것을 우려했기 때문이란 것이다.

노동자의 입장도 어느 정도 이해가 되지만, 이는 투명하지 못한 방법이다. 눈에 보이는 약점을 한없이 가려두겠다는 발상은 노동생산성을 저해하며 나아가 경제발전의 발목을 잡을 수 있다.

새로운 장비를 도입하면 그 장비를 위한 인력 수요가 다시 발생한다. 지속적인 교육과 인적자원 재배치를 통해 구조조정을 완화시킬 경우 생산성까지 높이는 윈-윈 전략을 구사할 수 있다. 그러나 변화와 모험은 싫은 법이다. 기존의 틀이 주는 익숙함과 안도감에 대한 집착이 우리는 너무 강하다.

값싸고 질 좋은 물건에 대한 허상

'물 좋고 정자 좋은 데는 없다' 는 격언이 있다. 모든 조건을 다 갖춘 선택의 대상은 그만큼 찾기 힘들다는 의미다. 사람도 품성 좋고 능력까지 좋은 사람을 찾기 힘들다. 투명도가 뛰어나고 크기도 큰 다이아몬드도 정말 귀하다. 금속도 잘 깨지지 않고 질긴 것이 있으면 좋겠지만 질기면 무르고, 단단하면 깨지는 단점이 있다.

우리나라 사람들은 유독 양립하기 어려운 성격을 한꺼번에 가지기를 좋아한다. 그 중 대표적인 것이 값싸고 질 좋은 물건에 대한 환상이다. 값싸고 질 좋은 물건은 소비자에게는 최상의 선택일 것이다. 그러나 그것은 불가능하다. 시장 논리상 질 좋은 물건을 만들려면 비싼 재료가 필요하다. 만약 허접한 재료를 쓰면서 질 좋은 물건을 만들 수 있다면 그것은 마술이다.

값싸고 질 좋다는, 양립할 수 없는 두 특성을 함께 갖추기를 원하는 한국인은 많은 사고를 친다. 한때 우리 사회에 충격을 준 중국산 기생충 김치나 말라카이트 생선 같은 것도 그렇다. 본질을 놓고 보면 중국산이기 때문에 문제가 아니라 중국에서 싼 물건을 들여왔기 때문에 문제가 된 것이다.

똑같이 중국에서 생선이나 채소를 수입해도 일본은 문제가 생기지 않는다. 왜냐하면 비싼 물건을 들여오기 때문이다. 높은 가격을 지불하면 검증된 제품을 구매할 수 있다는 진리를 수용하지 않았기 때문에 유독 우리나라에 음식물과 관련된 잡음이 많다.

양심을 속이는 국산도 있다

"서해 공해상에서 한국 어선과 중국 어선이 제각기 조업을 하고 있었죠. 그런데 밤 12시가 되니까 모든 어선이 불을 환하게 밝히더니 중국 어선이 다가와 상품성이 떨어지는 작은 생선이나 잡고기들을 한국 어선에 옮겨 싣더라고요."

모 고위 관리가 예전에 해상 순시선을 타고 어로 감시를 나갔다가 겪은 일이다. 그렇다면 중국 어선이 잡은 상품성 떨어지는 작은 물고기들은 어떤 용도로 쓰였을까? 짐작컨데 '작지만 맛있는 국산'이 되었을 것이다. 명절만 되면 신문이나 방송에 나오는 것이 '중국산 조기 구별하는 법'이다. 서해바다 공해상에서 잡은 조기가 중국산과 한국산이 어떻게 다를까?

중국산과 한국산을 구별하는 가장 단순한 기준은 이렇다. 중국산은 크고 그럴듯하지만 맛이 없고, 한국산은 작고 볼품없지만 맛있다. 그렇다면 중국 어선에서 상품 가치가 떨어진다며 한국 어선으로 옮겨진 작은 조기는 어떨까? 작고 맛있는 국산 조기가 된 것인가.

다 그런 것은 아니다. 그러나 우리 사회 곳곳에는 아직까지 양심을 속이는 국산이 있다. '불량 국산'은 천민자본주의의 사생아다. 이익을 위해 수단과 방법을 가리지 않으면서 허접한 품질을 속이고 애국심에 호소하며 판촉을 한다.

동네 싸움과 권투 경기가 다른 것은 '룰' 때문이다. 동네 싸움은 수단과 방법을 가리지 않고 싸우지만, 권투는 규칙에 따라 상대를 때려야 한다. 동네 싸움은 이겨도 상처만 남지만, 룰에 따른 권투 경기는 이름을 빛내고 돈을 벌게 해준다.

이제 우리는 세계 속의 경쟁에서 일류의 자리를 두고 싸우고 있다. 일류끼리의 경쟁은 철저히 규칙을 지켜야 한다. 정정당당한 싸움에서의 승리만이 우리에게 일류국가의 명예와 지속적인 성장이란 선물을 줄 수가 있다.

국수주의를 벗어나라

'금수강산이 세계 최고'는 객관적 사실인가

생명이 움트는 계절, 봄이 되면 개인적으로 꼭 가보고 싶은 곳이 있다. 아침마다 쌀쌀한 기운에 소름이 돋기도 하지만, 그래도 찬 기운을 머금은 강 안개 속에서 걷고 싶은 곳이다. 들판에는 연둣빛의 보리 싹이 고개를 내밀고 있고, 언덕바지 밭에는 쟁기 채운 황소가 밭갈이를 하고 있다.

가슴이 아린다는 표현이 어울릴 정도로 아름다운 곳. 그곳은 섬진강이다. 봄소식을 전할 때면 빠지지 않는 것이 바로 섬진강의 봄이다. 이르면 이른 대로, 무르익으면 무르익은 대로, 보리밭과 매화꽃이 반기는 섬진강은 가슴 아린 한국적 정서의 표상이다.

소설 《토지》의 무대 섬진강은 참 한국적인 향기가 배어나는 곳이다. 굽이치는 강의 곡선도 양반집 기와의 몸매를 닮았고, 강에서 잡히는 은어회에는 수박 향기가 묻어난다. 물안개라도 피어오르면 섬진강은 더욱 아름답다. 한 폭의 동양화 같다. 안개 속으로 살짝 드러나는 산의 윤곽은 먹물을 진하게 입힌 모습이고 물안개는 묽게 칠한 부분이다. 섬진강도 아름답지만 설악산은 또 얼마나 화려한가. 사시사철 카멜레온처럼 변신하는 모습은 볼 때마다 탄성을 자아낸다.

한국에는 참 아름다운 곳이 많다. 그래서 '삼천리 금수강산'이라는 표현도 마땅해 보인다. 그러나 삼천리 금수강산이 세계 최고라고 말하는 것은 위험하다. 한국인에게는 한국인의 정서를 머금은 풍경이 가장 좋게 와 닿으니 최고일지 모르지만, 그것이 객관적인 사실은 아니다.

예부터 "남대문을 본 사람과 보지 않은 사람이 싸우면 후자가 이긴다"는 말이 있다. 외국을 많이 나가보지 않은 사람과 나가본 사람이 논쟁하는 것도 비슷하다. 외국의 어디를 가보니까 정말 좋더라고 이야기하면, 외국을 한 번도 나가보지 않은 사람은 그래도 한국이 최고라고 우긴다.

요즘은 해외여행이 일반화되어 외국에도 참 좋은 곳이 있더라는 인식이 생겼지만 이전에는 그렇지 않았다. 외국 나가본 사람이 그곳이 한국보다 더 좋더라고 표현하는 것은 불경이며 비애국적인 발언이었다. 설악산과 경주를 세계 최고의 관광지로 여기면서 컸던 386 이전의 세대들에게는 그들의 지식적 기반과 자존심을 허물어뜨리는 일이기도 했다.

미국과 캐나다 지역을 4만 마일 이상 자동차로 여행하면서 느낀 것은 그 지역이 정말 축복받은 땅이라는 것이었다. 그 광대함은 차치하더라도 가는 곳마다 전혀 다른 경관과 아름다움은 감탄을 불러일으켰다. 나이아가라 폭포의 웅장함은 자연의 위대함을 깨닫게 했고, 텍사스의 끝없는 초원은 인간이 우주 속에 먼지라는 것을 느끼게 했다.

동부지역에는 우리나라 같으면 천연기념물로 지정했을 만한 엄청난 크기의 수목이 가로수 터널을 만들어줬다. 플로리다 해변의 아름다움과 자연에 녹아들게 지은 고급주택의 화려함은 눈길을 뗄 수 없었다. 그랜드캐니언과 옐로스톤 등의 장관에 카타르시스를 느꼈고, 스모키 마운틴의 남성적인 아름다움도 좋았다.

본토박이 인디언들을 몰아내고 정착한 백인들이 얄밉고 부러웠다. 이렇게 좋은 땅을 어찌 보면 '날로 먹은' 게 아닌가. 우리가 그 땅을 차지했으면 얼마나 좋았을까 하는 허망한 생각까지 해보았다.

유럽과 동남아를 여행하면서 느끼는 것도 마찬가지다. 자연의 비경이 얼마나 좋은지 숨이 막힐 지경이다. 비행기 날개에 닿을 듯이 다가오는 알프스의 위용도 그렇고, 동유럽의 고즈넉한 아름다움, 지중해의 화려함도 잊을 수 없는 기억이다. 세상에는 이처럼 아름다운 곳이 많지만 그래도 한국 사람은 결국 설악산을 그리워하고 섬진강을 생각하며 가슴 아릴 것이다. 그것은 한국 사람이기 때문에 그렇다.

몇해 전 영어회화를 배우던 중 미국인 영어선생에게 한국에서 가장 힘든 것이 무엇이냐고 물은 적이 있다. 그랬더니 이런 대답이 나왔다.

“너무 공기가 나빠요. 숨을 쉴 수가 없을 지경이에요.” 황사 시기에만 그런 게 아니냐고 되물었다. 그러자 그녀는 “아니에요. 1년 내내 나쁜 공기 때문에 머리가 아플 지경입니다. 그래서 집에 산소 캔을 사놨어요.”

어이가 없는 대답이었다. 물 좋고 공기 좋은 삼천리 금수강산에서 공기가 나쁘다며 산소 캔을 비치해 놓았다니.

또 한번은 중국의 모 방송국 특파원에게서 한국에는 너무 볼거리가 없다는 이야기를 들었다. 어디를 가보더라도 고만고만하다는 것이다. 약간의 불쾌감에 “중국도 가보니까 그렇더라”고 되받았지만 그리 개운치가 않았다.

이런 이야기들을 경험이 별로 없는 일부 외국인의 단편적인 생각으로 치부할 수도 있다. 그러나 세계 구석구석의 비경을 항공 촬영했던 세계적인 사진작가가 내린 대한민국 평가를 주관적이라고 폄하할 수는 없을 것이다. 프랑스의 사진작가 얀 베르트낭은 최근 DMZ에서 마라도까지 비행하며 한국의 절경과 주요 도시들을 촬영했다.

TV 다큐멘터리로 방영된 그의 사진들은 많은 시청자들로 하여금 “대한민국이 이렇게 아름다운 곳이구나” 하는 감탄을 자아내게 했다.

담당 PD가 그에게 마지막 질문을 던졌다. "세계 최고의 전문가적 시각으로 본 대한민국은 어땠습니까?" 그는 이렇게 답했다.

"여러 나라와 지역을 다녀보면 사람들은 모두 자기가 사는 곳이 다른 곳보다 특별하다는 대답을 듣고 싶어 합니다. 한국 역시 그런 것 같습니다. 하지만 한국은 내가 다녀본 수많은 지역의 풍경에 비해 그 이상도 그 이하도 아닙니다."

그렇게 '관광 한국'을 외치는데도 외국인 관광객들이 늘지 않는 이유가 뭔지 냉정하게 생각해 볼 필요가 있다. 애써 인정하지 않으려 하지만 그것은 한마디로 말해 관광자원이 부족하거나 뛰어나지 못하기 때문이다. 자존심이 덜 상하는 이유를 찾는다면 국가 홍보를 제대로 못한 탓이라고 할 수도 있겠다.

우리는 아름다운 사계절을 가졌다지만 세계에는 계절 중에 가장 좋다는 봄, 가을만 계속되는 나라도 있다. 우리는 고유의 문화재를 자랑하지만, 외국인은 우리의 문화를 중국이나 일본과 다를 게 없다고 생각하는 경우가 대부분이다. 그렇지 않다고 화를 내고 떼를 쓰는 것은 국수주의의 함정에 빠진 것이다. 국수주의의 함정에 빠지면 경쟁력을 기를 수 없다.

아무것도 없는 좁은 땅을 세계적인 무역항과 관광지로 바꾼 싱가포르나 홍콩의 저력은 '내가 최고'라는 자만심과 국수주의가 아니라 없는 것을 보완하겠다는 객관적 인식이었다. 그래서 볼거리 없는 자연을 보완할 대규모 위락시설과 쇼핑센터를 지었고, 지금은 세계인이 몰려

드는 관광지가 되었다.

"무슨 소리야? 우리나라가 얼마나 아름다운데. 세계 어느 나라를 가봐 우리나라만 한데가 없어"라며 목소리를 높이는 사람은 한 가지는 맞고 한 가지는 틀리다. 우선 한국 사람이니까 한국인에게 우리나라는 최고의 땅이란 점에서는 맞다. 반면, 그것이 세계인의 객관적 인식이 아니란 점에서는 틀리다. 또한 그는 세계 여러 곳을 가보지 않은 우물 안 개구리임에 분명하다.

신토불이의 함정에서 벗어나라

시사고발 프로에 몸담고 있을 즈음 한 가지 기획안을 발제했다가 자의 반 타의 반으로 중간에 포기한 적이 있다. 그것은 모든 언론이 명절 때만 되면 연례행사처럼 다루는 '중국산 농산물 구별하는 법'의 본질을 따져보자는 것이었다. 그런 기사가 때마다 나오는 것은 중국산 농산물이 국산보다 못하거나 나쁘다는 전제에 따른 것이다.

과연 그럴까. 그래서 그걸 알아보기로 했다. 방법은 중국산 농·축·수산물 100가지 항목과, 같은 항목의 한국산 생산품에 대해 맛과 품질 등을 지수화하여 비교해 보는 것이었다. 모 연구소에 적지 않은 실험비용을 지불하기로 하고 프로그램 제작에 들어갔다.

그런데 한밤중에 다급한 전화가 걸려왔다. 연구소 소장이었다. 그는 뒤늦게 보고를 받았다며 상기된 목소리로 실험을 진행할 수 없다고 했다. 실험이 어려워서 그러냐고 되묻자 그는 이렇게 말했다.

"실험은 그다지 어렵지 않습니다. 문제는 결과입니다. 실험을 해서 국산이 좋다는 결과가 나오면 다행이지만, 솔직히 말해서 중국산이 더 좋게 나오는 항목이 많을 겁니다. 그렇게 되면 감당할 수 없는 일이 생길 겁니다."

그는 긴장된 목소리로 말을 이었다.

"아마 농어민 몇 명은 연구소 앞에 와서 분신할 겁니다. 수천 명이 방송국을 에워싸고 시위를 벌일 겁니다. 그걸 감당할 수 있겠습니까?"

그말에 국산이 좋게 나오면 문제가 될 게 없지 않느냐고 물었더니 그는 이렇게 말했다.

"중국은 땅이 넓고 수확량이 많습니다. 우리는 좁은 땅에 비료를 많이 줘서 재배하지만, 중국은 비옥한 땅이 많아 비료를 많이 안 줘요. 게다가 수확한 것 중에 크고 좋은 걸 한국이나 일본에 먼저 수출할 겁니다. 예전에 우리가 일본에 그랬듯이요. 수산물도 마찬가지죠. 다만, 방부제 등 보관상의 문제는 있지만 그것만 뺀다면 중국산이 유리한 게 많아요."

들고 보니 그랬다. 만약 중국산이 값도 싼데다 품질도 더 좋은 것으로 나온다면, 그것은 단순한 일이 아니었다. 그 결과는 진실성의 여부를 떠나 우리 농민의 정서, 나아가 국민정서로 볼 때 '반역'이나 마찬가지였다. 그리고 우리 국민의 과격성으로 볼 때 그에 따른 결과는 자명했다.

결국 협의 끝에 해당 프로그램을 제작하지 않기로 결정했지만 두고

두고 아쉬움이 남았다. 진실의 확보보다는 여론의 위세가 무서워 의미 있는 아이템을 포기했다는 마음 때문이었다.

우리 국민은 최소한 농·축·수산물에 관한 한 국산이 최고라는 것을 이데올로기로 교육받았다. 농민을 보호해야 한다는 명분에다 언론과 정부의 홍보를 통한 신토불이의 지속적인 세뇌 때문에, 과장해서 말하면국산 아니면 먹으면 죽는다고 생각하도록 만든 것이다.

미국산 쇠고기 문제도 그렇다. 미국산 쇠고기도 그 품질의 진실성을 밝히는 것은 여간 복잡한 문제가 아니다. 중국산 농산물과 같은 배경에서 이해해야 한다. 광우병 문제는 사실상 본질이 아니다. 그것은 오히려 통상외교의 기교다. 우리 것을 지키고 상대 것을 견제하기 위한 카드일 뿐이다. 미국인이 그렇게 쇠고기를 많이 먹지만 3억 명이 넘는 미국인 중 아직까지 미국산 쇠고기를 먹고 광우병으로 사망한 사람은 없다. 미국인 감염자들은 영국이나 외국에서 감염된 뒤 미국에 들어간 것이다. 쇠고기 자체만 놓고 본다면 미국산 쇠고기의 경쟁력은 절대 국산만 못하지 않다. 아니 미국인들은 한국산보다 낫다고 장담한다.

그들의 논리도 일리가 있다. 대부분의 한우가 우리에 갇혀 미국에서 수입한 사료를 먹고 사육되는 것과 달리, 미국 소는 드넓은 초원에서 방목된다. 한국에서도 수입하는 고급 목초를 맘껏 먹고 뛰놀기 때문에 한국인이 좋아하는 순수한 '자연산'이란 거다. 동시에 어느 시점에는 육질, 이른바 마블링 함량을 높이기 위해 한우처럼 우리에 가둬 사료를 먹인다. 이렇게 이중으로 관리하는 미국산 소가 한우보다 육질이 월등하다는 게 그들의 설명이다.

실제로 미국에 살면서 쇠고기를 먹어보면 정말 맛있는 고기들이 많다. 돼지고기도 마찬가지다. 미각이 둔감해서 제대로 구별을 못하는 것인지 모르지만, 한우 1등급과 비교해도 모자란 점을 느낄 수가 없다. 미국인, 그리고 미국에서 살다오거나 현지에서 사는 교포들은 한국에서 일고 있는 미국산 쇠고기 논쟁을 기이하게 생각한다. 그들은 도대체 한우 맛이 얼마나 대단하기에 미국산 쇠고기를 폐품 취급하느냐고 의아해한다.

미국산 쇠고기가 맛이 없다는 인식은 애국심 마케팅의 결과이기도 하지만, 실제로 맛없는 낮은 등급의 쇠고기를 수입해서 팔았기 때문이다. 고급육을 놔두고 저가의 하등품을 팔고, 게다가 일부 정육점이나 식당에서는 그것을 한우로 둔갑시키다 보니 미국산 소에 대한 이미지가 나빠진 것이다.

인정해야 할 것은 미국산 소는 경쟁력이 있다는 점이다. 그것도 값은 한우의 절반 이하인데 맛은 비슷하다면 그 경쟁력은 결정적인 것이다. 하도 비싼 한우 값 때문에 최근에는 국수주의, 애국심 마케팅도 최소한 쇠고기에서만은 흔들리고 있다. 현실을 인정하지 않고선 제대로 된 대응책을 세울 수가 없다. '쇠고기 국수주의'는 우리 농촌의 경쟁력을 갈수록 약화시킬 것이다. 나아가 소비자에게는 좋은 물품을 싸게 살 수 있는 기회를 차단시켜 삶의 질을 하락시키는 원인으로 작용한다.

거스를 수 없는 개방의 시대에는 나를 정확히 알아야 상대와 경쟁할 수 있다. 선글라스를 낀 투우사에게 적색 소와 싸우라고 한다면, 소를 찾아낼 수 없기에 뿔에 받히게 된다. 내 나라 상품을 사주는 것도 어느 정도다. 이미 자동차, 가전, 식품 등 수많은 국산품 애용을 통해 소비자들은 충분히 애국했다. 질이 떨어지더라도 국산이란 이유로 비싼 값을 치러 온 것이다.

농산물, 축산물, 수산물도 이제 예외가 될 수 없다. 신토불이의 이데올로기도 이제는 소비자의 피로감을 덜어주기에 역부족이다. 소비자의 후생을 희생하는 일이 이제는 생산자의 경쟁력을 약화시킨다는 사실을 인정해야 한다. 그것은 결국 양자 모두를 벼랑 끝으로 몰아갈 것이다.

100퍼센트 국산화의 오류

7, 8년 전 국내 자동차업체가 모든 언론 매체에 대문짝만하게 의미심장한 광고를 한 적이 있었다. 그것은 자사가 개발한 소형차의 100퍼센트 국산화를 알리는 내용이었다. 당시 '국산화' 는 기업들의 지상과제인 동시에 이익률을 높이는 수단으로 여겨지던 때다. 동시에 국산화 애용의 기치가 마케팅의 주요한 포인트이기도 했다.

그러나 아는 사람들은 그 광고의 허실을 간파했다. 100퍼센트 국산화는 어떻게 보면 비용의 증가를 담보로 한다. 애국심 마케팅이 그런 비용 증가를 얼마나 상쇄할지 모르지만, 실로 위험스런 광고가 아닐 수 없다.

자동차는 수많은 기술의 총체적 집합이다. 수만 개의 부품 하나하나가 자동차의 경쟁력을 좌우한다. 그러기에 요즘은 해외 유수의 자동차 업체들도 부품을 공유하는 경우가 많다. 만약 현대자동차의 엔진이 우수하고 싸다면 GM이 그것을 사다가 자기네 차에 달 수가 있다. 그렇게 함으로써 가격경쟁력과 제품경쟁력을 한꺼번에 높일 수 있다. 같은 이유로 BMW에서 만든 엔진을 벤츠에서 달 수도 있다. 요즘 자동차 업체들은 값싸고 좋은 부품을 세계에서 선별해 구입한다. 국내에 벤츠나 BMW에 부품을 공급하는 중소업체가 많은 것도 그 때문이다.

모든 부품을 국산화한다는 것은 비용 증가를 필연적으로 수반한다. 자동차업체가 억지로 개발하면 못할 것도 없지만, 이미 개발한 업체의 노하우와 가격을 따라갈 수가 없다. 개발비를 환수하려면 차 값을 높일 수밖에 없고 그러면 차가 팔리지 않을 것이다.

싸고 좋은 부품은 세계에서 수집해야 한다. 그래야 경쟁력을 높일 수 있고 소비자에게도 이익이 된다. '100퍼센트 완전 국산화'는 위험한 발상이다. 그리고 소비자들도 그런 얄팍한 애국심 마케팅에 넘어가서도 안 된다.

개방의 시대에는 개방적 마인드를 가져야 한다. 외국에서 늘여온 수많은 부품을 쓰더라도 차는 한국 차로 세계에 팔린다. 마치 우리가 일본에서 들여온 반도체 장비로 세계 최고 수준의 메모리 반도체를 만들어 세계에 내다 파는 것과 같은 이치다. 애국심을 볼모로 하는 국수주의가 소비자를 우롱하는 것을 막아야 한다.

'주변국'의 피해의식에서 탈출하라

미국에 있는 친구가 해준 이야기다. 추수감사절에 교포들끼리 모였는데, 그 자리에는 미국 교포 2세이면서 미 육군 장교로 근무하는 사람도 참석했다. 칠면조 요리와 와인으로 한껏 분위기가 고조되자 최근에 미국으로 이민 온 한 남자가 청년 장교에게 짓궂은 질문을 했다.

"만약 한국과 미국이 전쟁을 벌인다면 당신은 어느 편에서 싸울 건가요?"

순간 방 안이 얼어붙었다. 민감한 질문이었지만, 사실은 모두가 그의 대답이 궁금했기 때문이다. 한국계 장교는 잠시 생각하는 듯하더니 말했다.

"비현실적인 가정입니다만 굳이 대답해야 한다면, 저는 미국을 위해 싸울 것입니다. 저는 인종적으로 한국인이지만 한국 사람은 아닙니다. 저는 미국에서 태어났고 미국 국적을 갖고 있고, 미국이 주는 혜택 속에서 이만큼 자랐습니다. 저는 미국 시민권자입니다. 국가 대 국가로 전쟁을 벌인다면 당연히 자기 국가를 위해 싸워야 하지 않겠습니까?"

어색한 분위기가 감도는 순간 참석자 중의 한 사람이 화제를 바꾸었다. 모임은 잘 끝났지만, 참석자들은 두고두고 개운치 못한 정서적 혼란을 겪었다고 한다. 이런 대답을 듣는다면 이 책을 읽은 독자들은 어떤 생각이 들까? 역시 혼란스러울 것이다.

그 청년 장교의 대답이 논리적으로 틀린 것은 아니지만, 단일 민족의 자부심이 머릿속 깊이 각인되어 있는 한국인에게는 불편하게 와 닿는다.

우리는 민족과 국가를 동일시한다. 그러니 다민족 국가를 이해하지 못한다. 단일민족의 신화에 유달리 집착해 왔기 때문이다. 그러나 초강대국 미국을 비롯해 세계에는 수많은 다민족 국가가 존재한다. 단일민족의 진위성에 대한 해묵은 논쟁을 떠나, 그것에 집착하는 모습은 어느 한편으로는 주변국의 속성이다. 역사상 외풍이 많았거나 주변에 강대국이 많은 국가들은 국민이 뿔뿔이 흩어지면서 나라가 사라지는 것을 막기 위해 유난히 단일 민족을 강조한다.

그러나 이제는 우리도 막연한 주변국이 아니다. 예나 지금이나 부근에 강대국들이 즐비하지만, 그렇다고 우리도 무시당할 단계는 지났다. 그렇다면 이제 우리도 주변국 의식에서 벗어나야 한다. 국수주의는 경쟁 상대에 비해 지나치게 약할 때 생기는 자기 보호 본능이다. 상대가 너무 무서우니까 아예 외면해 버리면서 자기 속에 갇혀 산다. 그러다가 외침을 받으면 무너지고 만다. 그것이 우리 조선의 마지막 모습이었다.

이제는 다민족, 다문화를 자연스럽게 받아들이고 인정해야 한다. 우리 속에 들어와 있는 이민족들과 그들의 이질적인 삶을 포용해야 한다. 영어마을, 영어학교를 많이 만드는 것도 국수주의에서 벗어나 개방된 세계에서 경쟁력을 갖추기 위한 효과적인 방편이다. 그런 시도를 마치 자존심 상하는 일로 받아들이는 것은 열등감의 발로이며 국수주의의 수용이다.

이제는 세계가 한 지붕이란 말이 실감 날 정도로 사람과 상품과 문화의 교류가 활발하다. 지리적 경계가 사라지면 문화도 뒤섞이고 사람도 뒤섞인다. 다양성의 문화를 인정하지 못하면 자폐증에 걸린 민족처럼 살아야 할지도 모른다.

중심국 마인드를 가져라

샌드위치 기회론

'위기'는 한국인에게 '데모'만큼이나 친근한 단어다. 좋아서 친근한 게 아니라 항상 '위기'로 불리는 세상 속에서 살아왔기 때문이다. 그러다 보니 우리는 위기에 둔감해지고 있다. 그러면서도 위기를 빌미로 다시 마음을 다잡고, 조직을 다그친다.

위기는 어떤 분야든 다가오는 것이지만, 현실화되는 것보단 걱정하는 수준에서 끝나는 경우가 많다. 물론 그러다 뒤통수 맞는 경우도 있다. IMF가 그렇다. 한국에서 위기는 한편으로는 동력이었다. 위기론은 시스템을 개선하는 단초를 제공했고, 그것을 통해 위기의 현실화를 막았던 것이다.

그중 대표적인 것이 샌드위치 위기론이다. 일본과 중국 사이에 끼여 경쟁력을 상실한 채 역사의 뒤안길로 사라질 것이란 이야기다. 샌드위치 위기론은 20~30년 전에도 제기되었지만 지금도 똑같은 논리로 명맥을 잇고 있다.

나도 경제부 기자 생활을 하면서 수없이 샌드위치 위기론을 기사화했고, 기사에 표현한 위기감대로라면 한국 경제는 몇 번이나 망했어야 했다. 국가 부도 사태를 맞기는 했지만 엄밀히 보면 샌드위치에 의한 것은 아니었다.

일본의 기술력, 중국의 가격경쟁력의 공세를 이겨내지 못할 거라던 한국 경제의 실상은 눈부시다. 한국은 조선업종에서 세계 1위에 올랐다. 유조선과 화물선은 물론, 쇄빙선과 군함까지 제조하는 세계 최고의 조선강국이며, 주문 물량을 감안할 때 당분간 한국을 넘볼 나라가 없다. 메모리 반도체도 세계 1위이며 휴대폰은 세계시장에서 선두 다툼을 벌이고 있다. 움직이는 광고판으로 불리는 자동차는 세계 6위권에 올라 있어, 세계 어디를 가더라도 국산차를 보며 가슴 뿌듯해진다.

LCD 역시 기술력과 생산에서 모두 독보적 1위를 차지하고 있다. 미국이나 유럽의 대형 백화점에서 삼성과 LG 상표를 박은 제품들은 일본이나 유럽 제품보다 더 비싼 가격에 팔리고 있다. 이 밖에 철강, 가전,

MP3, 원자력 기술, 고속 전철 등의 분야에서도 세계 5위권 내의 경쟁력을 보유하고 있다. 샌드위치 위기론에 따르면 불가능한 일들이 최근 10년 사이에 나타난 것이다. 샌드위치를 극복한 배경에 대해 주한 미 상공회의소 소장인 웨인 첨리 Wayne Chumley는 이렇게 말했다.

"샌드위치의 의미가 바뀌었습니다. 1970년대 한국 경제는 일본과 동남아 국가 사이에 낀 샌드위치 위기 상황이었습니다. 그러나 지금은 기술은 중국에, 유연성은 일본에 앞서는 샌드위치 기회를 맞고 있습니다."

폴 뷔르크너 Hans-Paul Buerkner 보스턴컨설팅그룹 회장도 최근 국내 언론과의 인터뷰를 통해 비슷한 이야기를 했다. 그는 "외환위기를 겪은 지 10년 안에 세계적인 기업들을 속속 배출해 낸 잠재력과 기술력, 그리고 그것을 아우르는 역동성은 중국이 쉽게 추월할 수 없다"면서 "샌드위치론은 최소한 아직까지는 기우에 불과하다"고 밝혔다. 그는 또 한국 경제의 상황이 유럽보다 나은데도 한국 사람들은 과도하게 비관적인 시각을 갖고 있다고 부언했다.

우리 자신의 평가보다 오히려 외국의 전문가들이 우리 경제를 더 높이 평가하며, 동시에 우리가 위기로 생각하는 샌드위지 상황에 대해 오히려 기회라고 설명하고 있는 것이다. 자기 혁신을 통해 지금과 같은 역동성을 유지한다면 우리 경제의 미래는 밝다.

부담스러운 침략국 일본, 만만한 한국

중국 상하이를 방문했을 때, 현지 한국 기업의 지사장들에게서 재미있는 이야기를 들을 수 있었다. 세계의 공장으로 불리는 중국에서 사업을 하다 보면 일본에 비해 역부족인 점도 많이 느끼지만, 한 가지 크게 유리한 것이 있다는 것이다. 그것은 중국이 한국에 대해 느끼는 편안함이란 것이다. 어떻게 보면 자존심 상하는 일이지만, 중국은 더 이상 한국을 궁극적인 경쟁 상대로 생각하고 있지 않다. 반면, 일본에 대해서는 경쟁심과 동시에 제2차 세계대전의 앙금을 그대로 갖고 있다. 이는 한국 기업의 중국 내 활동에 유리한 점으로 작용한다. 부담스럽고 싫은 일본보다 한마디로 '만만한' 한국에 대해 마음의 문을 쉽게 여는 셈이다.

이런 분위기는 동남아에서도 비슷하게 느낄 수 있다. 일본이 우리보다 수십 배나 많은 대외 원조를 하고 있지만, 동남아 국가들은 침략국 일본보다 한국에 대해 심리적으로 더 가까움을 느낀다. 한류 열풍도 어느 한편으로는 심리적 틈새를 통해 경쟁력을 확보한 면이 있다. 동남아뿐만 아니라 중동이나 유럽 쪽에서 볼 때도 중국, 일본, 미국 등 명실상부한 강대국에 비해 우리는 덜 부담스런 존재가 될 수 있다.

이런 심리적 틈새는 확실한 경쟁력으로 활용할 수 있다. 경제뿐만 아니라 문화에서도 우리는 상대의 느슨한 틈새를 다른 경쟁국보다 수월하게 비집고 들어갈 수 있다는 이야기다. 우리가 처한 현실은 보는 시각에 따라 호재가 될 수도 있고 악재가 될 수도 있다.

적극적 틈새전략을 펼치자

스위스와 오스트리아는 영세 중립국이다. 그들은 프랑스, 독일, 러시아 등의 강국에 둘러싸여 있다. 잦은 분쟁으로 유럽이 네 편 내 편이 갈라지는 와중에 두 나라는 아예 어느 연맹에도 참여하지 않겠다며 중립국을 표방했다. 그렇다면 영세 중립국은 아무도 건드리지 않아 스스로 보호되는 것일까? 중립을 선언하면 전쟁은 피해가는 것일까? 국제사회에 숨어 있는 어떤 법이 중립국을 보호해 주는 것일까?

모두 틀렸다. 영구적인 중립을 선언해도 외침을 받을 수 있고, 나라가 망할 수도 있다. 중립국을 지켜내는 것은 자주 국방의 방법밖에 없다. 만약 역사적으로 중립국을 선언하는 것이 국권을 보호받는 유효한 방법이었다면 우리가 가장 큰 수혜자가 되었을 것이다. 중국과 일본에게 끊임없이 시달렸기 때문이다. 그것은 소극적인 시각에서 볼 때 강대국의 틈새에 있는 소국의 운명일 수도 있다.

우리는 틈새에 익숙하다. 정치적, 군사적, 외교적, 경제적, 문화적 면에서 틈새에 있었다. 그러나 이제는 그 틈새를 능동적으로 이용해야 한다. 힘이 약할 때는 틈새가 안팎으로 시달리는 약점이 되지만, 힘이 있으면 주변을 움식일 수 있는 장점이 될 수 있다.

우리는 그것을 조금씩 맛보고 있다. 전혀 뜻밖에도 한류가 아시아 문화를 선도하고 있고, 경제적으로는 가전과 휴대폰, 자동차가 세계시장을 누리고 있다. 주변의 초강대국만큼 국력이 강하다고 볼 수 없지만 그들에게 휘둘리지 않을 정도의 소프트웨어와 하드웨어를 갖추고 있는 것이다.

우리는 주변을 외면할 수가 없다. 외면해도 주변이 우리를 가만히 놔두지 않는다. 또 그들이 우리를 외면해도 생존이 위협받는다. 우리 경제의 절반 이상을 무역이 차지하고 있기 때문이다. 부존자원이 없고, 인구가 많지 않은 우리는 개방경제를 지향하지 않을 수 없다. 어차피 어울려 살아야 하는 것이다. 이제는 '틈새의 위협'에서 벗어나 '틈새를 즐기는 방법'을 강구해야 한다.

이제는 틈새의 불이익을 균형자가 갖는 우월적 지위로 바꾸어야 한다. 그러나 전제가 있다. 균형자는 미세조정에 능해야 한다. 그렇지 않으면 모든 나라에게 외면 받는다. 중견국가로서 수많은 강대국을 상대하려면 그만큼 세련된 외교력과 상황 판단이 따라야 한다.

이제는 우리에게 능동적인 틈새 전략이 필요한 때다. 역사상 우리가 세계에서 이처럼 중요한 비중을 가진 때는 없었다. 틈새를 강점으로 활용할 수 있는 능력이 생긴 것이다. 능력이 있음을 자각하고 방법을 찾아 실익을 챙겨야 한다.

중심국 마인드를 가져야 틈새가 보인다

능동적인 '틈새 국가'로서의 장점을 누리기 위해서는 마인드를 바꾸어야 한다. 틈새 마인드가 아니라 중심국의 마인드를 가져야 한다.

언젠가 사극을 보면서 중심국과 주변국의 차이를 생각해 본 적이 있다. 신하가 왕을 알현하는 방식은 시대에 따라 다르다. 그런데 중국에서는 수시로 그 방식이 바뀌었다. 어떨 땐 바닥에 온몸을 붙이듯 허리를 숙였는데, 왕조가 바뀌니까 신하가 가벼운 목례나 팔을 가슴에 걸치는 식으로 간략하게 경의를 표하기도 했다.

그런데 우리는 항상 바닥에 엎드려서 "전하! 폐하!"를 길게 읊조렸다. 지극히 단편적인 예지만, 이런 모습을 보면서 중심국은 모든 걸 쉽게 바꿀 수 있지만 중심국에서 문물을 들여온 주변국은 변화하기가 매우 어렵다는 것을 간접적으로 인식할 수 있었다.

그 때문인지 우리나라는 이데올로기에 관한 집착이 참 강한 나라다. 중국을 통해 유교가 들어왔지만, 중국이 일찌감치 주도적인 이데올로기로 유교를 포기했을 때도 조선은 유교에 집착하며 국가를 이끌어 왔다. 공산주의도 소련과 중국을 통해 북한에 뿌리를 내렸다. 그러나 그 두 나라가 형식적으로 아니면 실질적으로 공산주의를 포기한 지 반세기가 다 되어 가는데도 북한은 여전히 세계에서 유일하게 공산주의 왕조를 고집하고 있다.

이는 오랜 주변국의 특성이 아닌가 싶다. 중심국은 능동적으로 변화를 추구하지만, 주변국은 중심국의 변화가 성공하는 걸 보고 뒤늦게 따라가야 한다. 중심국의 변혁이 실패할 경우 주변국은 줄을 잘못 선 대가를 톡톡히 치러야 하기 때문이다. 그리고 중심국이 기존의 것을 버릴 때도 주변국은 그것을 쉽게 버릴 수가 없다. 설불리 버렸다가 꺼진 불이 다시 살아나 해를 입힐 수 있기 때문이다.

우리는 그런 주변국의 특성에 모르는 사이에 익숙해져 있는 게 아닌

지 반성해 볼 필요가 있다. 만약 그렇다면 이제 주변국의 특성을 버리고 중심국의 특성을 취해야 한다. 한류를 만들고 CDMA와 와이브로 기술을 세계 표준으로 이끌어냈듯이, 우리는 이제 변화를 주도할 수 있는 역량을 갖추었다.

변화를 주도할 수 있는 입장에서는 틈새가 약점이 아니다. 변화를 주도하는 마인드, 중심국의 마인드는 틈새를 지렛대로 활용할 수 있게 한다. 능동적 틈새 전략을 중심국의 마인드와 결합해야 한다. 그러면 한국은 세계사에서 지금보다 훨씬 더 높은 위치에 자리를 굳힐 수 있을 것이다.

디테일에 강해야 한다

작은 차이가 일류를 가른다

기자 생활을 하는 동안 자동차업계를 출입한 적이 없지만, 묘하게도 가장 많은 인연을 쌓은 곳이 자동차업계다. 개인적인 관심도 관심이었지만 관련 업종에서 취재한 것들이 묘하게도 자동차와 관련된 것이 많았다. 처음 자동차업계를 난감하게 했던 기사가 수출용이냐 내수용이냐에 따라 국산차의 강판 소재가 다르다는 내용이었다. 모 철강업체에서 입수한 자료를 토대로 쓴 기사였지만, 나중에 두고두고 자동차업계를 곤혹스럽게 했다.

자동차업계의 해명은 수출 지역의 환경에 따라 눈이 많은 지역은 부식에 강한 아연도강판을 많이 쓰고 그렇지 않은 지역은 적게 쓰는 등 상황을 고려한 차이라고 해명했다. 그러나 차 한 대당 거의 최대 100만 원가량 비싼 강판이 수출용 차에 적용된다는 사실은 우리 소비자의 입장에서는 그다지 유쾌한 내용이 아니었던 것이다.

그 후 시사보도 프로그램을 맡으면서 국산차의 내구성에 대해 실험할 기회가 있었다. 모 자동차 연구소에서 부식 실험을 해본 것이다. 국산 고급차와 BMW 차종의 문짝을 떼어내 일부러 긁힘 자국을 낸 뒤 부식의 차이를 살펴보았다. 그런데 아쉽게도 국산 고급차 문짝의 부식 속도가 BMW보다 훨씬 빨랐다. 이유는 강판의 내구성에 차이가 있었기 때문이다.

문짝의 재료를 공급한 국내 철강업체에 문의했더니, 자동차용 고급 냉연강판의 품질에서 아직까지 유럽이나 일본업체에 뒤지고 있음을 솔직히 시인했다. 이는 겉모습은 국산차와 외국차가 별 차이가 없음에도 내구성에서 차이가 생기는 것을 설명하는 것이며 동시에 중고차의 가격 차이를 이해할 수 있게 하는 대목이다.

최고를 지향하려면 미세조정이 필요하다

외국에서 유학이나 연수 생활 중 자동차를 구입할 때면 애국심과 실속 사이에서 고민을 해야 한다. 애국심 차원에서는 국산차를 선택해야 마땅하겠지만, 그렇게 하려면 한두 가지 손해와 위험 부담을 감수해야 한다. 무엇보다 국산차는 나중에 팔 때 형편없는 중고가격을 받게 되는 위험이 있다. 반면 일제차를 사면 차 값이 비싼 부담이 있지만, 팔 때도 흡족한 중고가격을 받을 수 있는 장점이 있다.

그래서 대개의 한국인은 다소 미안한 마음을 무릅쓰고 일제차를 쓰게 된다. 그러나 애국심 문제를 차치하더라도 일제차 선택에는 그만한 타당성이 있다. 바로 내구성이 뛰어나다는 것이다. 그래서 골치 아픈 수리비 부담이 별로 없다.

요즘 나오는 국산 신차의 디자인을 보면 감탄이 나올 지경이다. 미국이나 유럽 어느 도로를 달리더라도 손색이 없다. 또한 초기 품질 역시 외국의 일류 차종과 견주어도 떨어지지 않는다. 그만큼 국산차들이 좋아졌으며, 그것은 외국에서 실시하는 각종 품질 조사에서도 그대로 나타난다. 그러나 내구성은 여전히 미지수다. 차는 수만 개의 부품으로 구성된 복잡한 기계다. 그러기에 그 부품 하나하나의 품질이 총합에 영향을 미친다. 그렇게 볼 때 국산차는 부품 경쟁력에서 구조적인 문제점을 지니고 있다.

한 자동차 부품업체 사장은 자신은 국내업체에 부품을 공급하지 않는다고 했다. 왜냐하면 제조업체가 요구하는 단가로는 수지를 맞출 수 없다는 설명이었다.

"솔직히 말해 해달라면 해줄 수 있습니다. 그러나 우리도 이윤을 남겨야죠. 형편없는 가격에 맞추려면 형편없는 제품을 납품하면 됩니다.

간단한 일이지만 자존심이 허락하지 않아 납품을 포기했습니다. 그리고 우리 제품을 선호하는 벤츠나 BMW에다 높은 가격에 좋은 부품을 납품하고 있습니다.”

그는 이렇게 부언했다.

“우리 자동차 많이 좋아졌습니다. 그러나 부품의 품질 향상 없이 자동차의 전반적인 품질 향상은 불가능합니다. 우리 자동차 업체는 불가능한 것을 실현하는 재주를 지녔습니다. 그러나 그것은 부품업계를 기아에서 헤매게 하는 잔인한 방법인 동시에 언젠가 한계에 부딪칠 수밖에 없는 근시안적인 해법입니다.”

낮은 단계에서 중간 단계로 가는 발전은 어느 정도 노력만 하면 눈에 띄는 진척이 있다. 그러나 고급 단계의 경쟁에서는 미세조정이 성패를 가름한다. 작은 차이가 명품을 만들고 그 작은 차이에서 이기지 못하면 만년 중저가 품목에서 벗어나지 못하게 된다.

그런 면에서 볼 때 자동차뿐만 아니라 국내 수많은 대기업들은 하청업체나 협력업체의 전략을 다시 짜야 한다. 비용 절감을 명목으로 하청업체에 무리하게 가격 하락 압박을 가할 경우 이는 장기적으로 모두를 죽게 할 수 있다. 상생의 윈-윈 전략이 이제는 우리 기업들에게 필요한 때다.

삼성전자가 일본에서 철수한 이유

세계 여러 나라의 호텔을 이용해 보면 일본의 호텔이 화려하진 않지만 가장 깔끔하다는 느낌을 준다. 특히 벽 모서리나 문틈, 세면대의 실리콘 처리 등에서 일본의 호텔은 세계 어느 나라 호텔보다 깔끔하게 처리되어 있다. 이런 차이는 왜 생기는 것일까? 일본에서 상사 주재원 생활을 오래 했던 한 지인에게서 그 이유를 알 수 있는 경험담을 들을 수 있었다.

"화장실에 비누 둘 곳이 없어 보수업체 사람을 불렀습니다. 수리공에게 벽에 비누를 놓을 작은 비누걸이 선반을 만들어 달라고 했습니다. 간단한 일이라서 한 20분이면 작업이 끝날 거라 생각했는데 한 시간 가까이 뭘 하는지 수리공이 화장실에서 나오지 않더군요. 그래서 들여다보았더니, 글쎄 비누걸이에 발을 디디고 몇 번이나 올라갔다 내려왔다 하지 않겠어요?"

우리의 관점에서 볼 때 어처구니없는 일이다. 고작 비누 한 장 올려놓을 공간을 위해 사람의 몸무게를 실어보는 것은 어떻게 보면 과잉 점검이며 일종의 강박관념일 수도 있다.

이러한 과잉을 다른 데서도 들은 적이 있다. 지난 1999년 일본의 도요타 자동차에서 한국 기자들을 불러 공장 견학을 시키고 회사를 소개한 적이 있다. 렉서스의 한국 시장 진출을 앞두고 홍보를 하기 위해서였다. 당시 오쿠다 명예회장과 인터뷰를 했을 때, 일본 차의 탁월한 내구성이 어디서 나온다고 생각하느냐고 물었다. 오쿠다 회장은 이렇게 말했다.

"그것은 일본인의 병적인 강박성 때문이라고 생각합니다. 일본인은 완벽에 대한 집착이 매우 강합니다. 장인 정신의 전통이라고 할 수도 있지요. 예를 들면 엔진룸 안에 각종 전기 배선이 많이 있습니다. 우리는 이런 전기배선의 경우도 아래쪽, 그러니까 진동과 열에 많이 접촉하는 부분은 고무의 재질을 달리 쓰거나 두껍게 합니다. 사실 그럴 필요까진 없죠. 그러나 그런 병적인 자세가 현재의 일본 차를 있게 했다고 봅니다.”

과장해서 강박관념이라고 표현했지만, 이것은 상당한 의미를 지니는 말이다. 끝마무리하는 작은 정성이 미세한 차이를 만들고, 그것이 이미 디자인과 초기 성능이 평준화된 세계 자동차 무대에서 일본의 독주를 가능하게 하는 동력이었던 것이다.

가전 부분에서도 마찬가지였다. 필자는 소니 본사를 방문한 적이 있었다. 지금은 가전 부문에서 한국이 오히려 일본을 앞섰다는 평가까지 받고 있지만, 1990년대 후반까지만 해도 상황이 달랐다. 한국과 일본의 기술력 차이를 묻는 질문에 소니의 홍보 담당자는 대뜸 리모컨을 내밀었다. 하나는 소니 것이었고 다른 하나는 삼성 제품이었다.

“눌러서 촉감을 느껴 보세요. 그러면 삼성과 소니의 차이를 아시게 될 겁니다.”

리모컨 하나로 무슨 차이를 느낄 수 있을지 의아했다. 그러나 겉으로 보기에 차이가 없던 두 리모컨은 촉감에서 큰 차이가 있었다. 소니 것이 훨씬 느낌이 좋았다. 홍보 담당자는 이렇게 말했다.

“TV를 예로 들면 삼성이나 소니나 품질에서는 별 차이가 없습니다.

그러나 리모컨 같은 작은 부분에서 아직도 소니가 앞선다고 생각합니다. 강자들끼리의 경쟁에서는 작은 차이가 승패를 가르죠.”

일본이 시장 전망과 투자에서 실패한 탓에 반도체와 LCD 등에서 현재 한국에 뒤졌다는 평가를 받고 있지만 저력은 여전하다. 언제 다시 예전의 소니, 샤프가 되어 세계시장을 호령할지 모른다. 그리고 그 저력은 손끝의 매서움과 강박증에 가까운 완벽주의에서 나오는 것이다.

우리가 앞섰다고 자랑하지만 일본인의 완벽성은 아직 우리를 인정하지 않는다. 얼마 전 삼성전자가 일본에서 완전 철수했다는 뉴스가 흘러나왔다. 고전을 면치 못하고 있는 자동차도 가전의 선례를 따르지 않을까 우려된다.

우리가 일본을 여전히 따라잡지 못하고 있는 부분은 미세조정의 부분이다. 그리고 명품과 비명품의 차이는 미세조정에 달려 있다. 오쿠다 회장의 말처럼 일본인의 완벽주의는 병적일지 모르지만, 그것이 가장 무서운 일본의 저력이다.

우리가 경쟁해야 할 대상은 동남아나 남미 또는 중국처럼 개도국의 기술과 상품은 아니다. 고부가가치 고급 상품에서 승부를 걸어야 한다. 중저가 상품은 진작 경쟁력을 잃었다. 그리고 설사 경쟁력이 있다 하더라도 부가가치가 낮은 중저가 제품으로 경쟁하는 것은 우리의 수준에 맞지 않다.

고부가가치 상품의 경쟁 상대는 단연 일본이다. “그만하면 되었다”는 손 맵시로는 미세조정에 강한 일본과의 경쟁에서 이길 수 없다. 끝마무리, 기술적인 작은 배려, 좋은 부품, 친절한 애프터서비스 등의 경쟁 상대가 일본, 나아가 다른 선진국들이라면 어느 것 하나 만만한 게 없다.

속도를 조절하라

디지털 특성에 맞는 민족성

소니 본사를 방문했을 때 한 간부는 한국 업체들이 이처럼 빨리 일본을 따라잡고, 일부 분야에서는 일본을 앞선 데 대해 나름의 해석을 내놓았다.

"예전에 중국 투자를 두고 회사에서 고민한 적이 있습니다. 기획실과 조사부에서 방대한 자료를 검토하고 중역회의를 거친 뒤 대략 2년만에 최종 결정을 앞둔 시점이었습니다. 그런데 한국지사에서 다급히

연락이 왔습니다. 한국의 모 업체가 중국 투자를 결정했고 곧바로 합작 공장을 설립하기로 했다는 겁니다. 결국 시장 선점에서 뒤질 수밖에 없었고 이는 두고두고 후회하는 일이 되었습니다."

그는 부언했다. "한국 사람들은 어떻게 그리 빨리 결정할 수 있는지 모르겠습니다. 우리 일본 사람의 관점에서 볼 때 급하게 의사를 결정할 경우 사전 검토가 엉성할 수밖에 없을 텐데, 참 묘하게도 한국인은 빨리 결정하고 좋은 결과를 얻는 경우가 많더군요."

또 그는 유럽이나 미국 업체들의 경우는 구기 종목의 공으로 비교한다면 경영 행태가 축구공 같지만 한국은 럭비공 같다고 했다. 축구공은 차면 똑바로 간다. 바나나킥도 있지만 그래 봤자 조금 굽어서 갈 뿐이다. 그런데 럭비공은 한마디로 어디로 튈지 아무도 모른다. 그만큼 대응하기가 힘든 것이다.

이런 특성에 대해 인종학의 대가인 조용진 박사는 같은 아시아계이면서도 북방계, 즉 수렵민족의 피가 더 많이 섞인 한국인의 특성에서 찾는다. 들판에 사냥감이 저만치 보일 때 사냥꾼은 지금 창을 던져서 잡을지 아니면 더 다가가서 겨냥할지를 동물적 직감으로 판단해야 한다. 사냥감이 자신을 덮쳐 잡아먹을 수도 있는 위험한 상황도 고려해야 한다. 결정적인 순간에 뛰어난 직감을 발휘하는 게 바로 한국인의 태생적 특성이란 것이다.

반면 일본인은 분석적인 남방계의 피를 더 많이 갖고 있다. 이리저리 재고 분석하고 고심하고 끊임없이 토론한 뒤에 조심스럽게 결정한다. 양측은 모두 장단점이 있지만, 스피드가 경쟁력이 되는 현대에는 한국인의 특성이 더 맞다는 분석이다. 한국인의 우수성이 바야흐로 디지털 시대를 맞아 더욱 빛을 낼 수 있는 계기를 맞이한 것이다.

그러나 사냥꾼의 '감'만으로는 미래를 안도할 수 없다. 강자는 스피드와 함께 지구력을 겸비해야 한다. 빠르게 뛰다 쉽게 지치면 멀리 갈 수가 없다. 미국이나 유럽에서 유학하는 한국 학생들이 우수하다는 평가를 받지만 노벨상을 받을 정도의 탁월한 성과는 내지 못한다. 왜 그럴까? 그것은 한국인이 탁월한 직감력에 준하는 분석력을 지니지 못했기 때문이란 해석이 많다. 과학의 경우를 예로 들면 어느 단계까진 다른 여느 민족보다 앞서지만, 그 단계를 넘어서 새로운 창조의 단계에서는 행진을 멈추고 만다. 그런 단점을 극복하려면 우리가 약한 부분, 예를 들어 일본인과 서구인이 더 많이 갖고 있는 꼼꼼함과 분석적 사고를 함께 길러야 한다.

속도에 분석력과 창조성을 더하라

한국이 고도 산업국가로 떠오른 데 걸린 시간은 흔히 서구사회의 6분의 1, 일본의 3분의 1 수준으로 분석된다. 이런 스피드는 사회의 모든 분야에도 나타난다. 메모리 반도체의 개발 속도도 세계 최고이고, 가정에 깔린 인터넷 속도도 그렇다. 가전제품이나 자동차 같은 생활용품의 교환 주기도 매우 짧다. 다른 나라 같으면 3년 걸릴 공사도 우리는 1년이면 뚝딱 해치운다.

연수나 유학 또는 파견 등의 이유로 잠깐 외국에서 여유로운 생활을 하다 보면 한국이 얼마나 변화의 나라인지 실감하게 된다. 그리고 한국에 돌아온 뒤 얼마간 어지럼증에 시달린다. '다이나믹 코리아'의 긍정적 면모는 바로 변화의 힘이 만들어낸 것이다.

그러나 "역사에는 지름길이 없다"는 말처럼 빠른 스피드도 갖가지 시행착오를 비껴가진 못했다. 단기간 내 결실은 단기간 내 부작용 노출도 가져온 것이다. '한강의 기적'으로 불리는 급속한 산업화만큼 인구의 노령화도 세계 최고 스피드다. 빠른 공사 속도는 삼풍백화점과 성수대교 붕괴 참사를 가져왔고, 급속한 산업화는 양극화와 IMF 국가부도 사태의 단초가 되었다. 유례없는 성공의 속도만큼 부작용도 유례없이 한꺼번에 몰려온 것이다.

사회문화적인 측면도 마찬가지다. 소득은 선진국이지만, 의식은 중진국 수준에 머무르고 있다. 토인비의 《역사의 연구》를 보면 역사는 끊임없이 순환한다. 조금씩 다른 경로를 걷기도 하지만, 몇 가지 패턴에서 벗어나는 경우는 별로 없다. 그런데 묘한 것은 어떤 민족이나 국가의 시행착오를 본 다른 나라는 그것을 피해갈 법한데 길든 짧든 그 길을 다시 걷는다는 것이다.

우리도 그렇다. 빠른 스피드로 남들이 겪은 시행착오를 건너뛰었으면 좋으련만 일본인을 '경제 애니멀', '섹스 애니멀'로 비웃었던 우리가 어느 순간 '어글리 코리언'이 되었고, 서구에 대해 열등감을 느끼고 인종차별에 항의하던 우리가 어느 순간 여러 인종들로부터 인종차별에 대한 항의를 듣고 있다.

이제는 우리가 가진 속도의 장점을 부작용 개선에도 함께 적용해야 한다. 속도의 장점이 변혁에만 국한될 리는 없다. 시시각각 나타나는 부작용들을 처리하는 데도 속도를 이용할 필요가 있다. 속도에 강한 나라, 변화를 두려워하지 않는 나라, 속도와 변화가 없으면 불안한 나라가 지금 대한민국의 모습이다. 역사에는 지름길이 없지만, 어차피 가야 할 길에 걸리는 시간을 단축할 수 있는 축지법을 우리는 가지고 있다. 그것이 작지만 강한 한국의 저력이다.

'부정적 특성'은 '개선 가능' 하다

우리는 가끔 한국인의 부정적 특성에 대해, 성선설이나 성악설의 논의처럼 태생적인 면에서 이야기하는 경우가 많다. "한국인은 원래 그렇다"는 것이다. 그래서 부정적 특성들을 당연시해 버리고 개선을 위해 노력하지 않는다.

그러나 이런 특성은 환경적 차이와 교육의 부족에 따른 것으로 보는 시각이 맞는 듯하다. 사람에게는 자아의 연장으로 불리는 사적 공간이 있다고 한다. 지하철을 탔을 때 낯선 사람이 지나치게 가까이 서 있으면 불쾌감을 느낀다. 공원에서 여름철에 돗자리를 펴놓고 쉴 때도 다른 사람이 일정 거리 이내로 자리잡으면 긴장과 불쾌감을 느끼는 경우가 많다.

사적 공간의 크기에 따른 심리 상태는 집단 전체의 심리 상태에도 영향을 미칠 수가 있다. 일반적으로 농촌 사람들이 너그러운 심성을 가진 반면, 도회지 사람들이 강팍한 심성을 가진 것으로 느껴지는 것도 그 때문이다.

세계 여러 나라와 다양한 환경에서 생활해 본 경험이 있는 한 교포에게 한국인의 조급증이나 관용의 부족 등 부정적 특성에 관해 질문을 한 적이 있다. 그는 직접적인 언급 대신 이런 이야기를 했다.

"여러 장소에서 살아보면 인종보다는 환경이 인간의 심성을 좌우한다는 생각을 많이 합니다. 대도시에서는 항상 긴장 속에 살아갑니다. 운전도 거칠어지고 사람도 의심을 갖고 쏘아보게 되지요. 얼굴엔 미소가 사라지고 사소한 일에도 쉽게 화를 냅니다."

그는 말을 이었다. "그러다가 한적한 시골에서 농장을 경영하다 보면 모든 게 너그러워져요. 가끔 만나는 사람이 그렇게 반가울 수가 없죠. 쉽게 베풀게 되고 항상 미소를 지을 수가 있어요."

이런 말을 할 때 그는 미국 노스캐롤라이나 주의 채플힐이란 소도시에서 살고 있었다. 그는 노스캐롤라이나를 예로 들면서 주 영토의 7퍼센트만이 개발된 이 지역 교포 한국인과 인구 밀도가 세계에서 열 손가락 안에 드는 한국에 사는 한국인의 심성은 환경적 요인에 의해 다를 수밖에 없다고 설명했다.

필자도 이런 경험을 한 적이 있다. 한적한 시골 도시에서 연수 생활을 할 때 충만한 여유로움으로 항상 미소를 지었던 기억이 난다. 그러나 여행을 위해 뉴욕이나 워싱턴, 보스턴 등 대도시에 갈 때면 그곳 운전자의 거친 운전이나 경찰의 불친절에 화를 냈고 얼굴에는 미소가 사라졌다. 동시에 조급증이란 게 한국인만의 전유물이 아니란 것도 느끼게 되었다.

외국인이 한국에 오면 한국 운전자의 난폭 운전 때문에 기겁을 한다지만, 뉴욕이나 워싱턴에서 만나는 난폭 운전에 비하면 오히려 낫다는 생각이 든다. 결국 인종 같은 태생적 측면보다 환경이 사람의 기질을 더 많이 결정하는 게 맞다는 걸 경험하게 된다.

따라서 우리가 인식하는 한국인의 부정적 특성에 대해 자학할 필요는 없다. 환경 탓이라고 변명하는 것도 어느 정도 타당한 일이다. 중요한 것은 부정적 특성이 태생적인 것이 아닌 만큼 바꿀 수 있고, 품격을 갖춘 세계인이 되기 위해 바꾸어야 한다는 것이다. 그것은 교육을 통해 충분히 개선이 가능하다.

노후는 내가 준비한다

실버타운 입지를 따질 정도의 빠른 고령화

수명이 길어지면서 실버산업, 특히 실버타운의 건설이 활기를 띠고 있다. 우리의 경우도 마찬가지다. 그런데 실버타운 건설에 뛰어든 기업들은 꼭 한 번씩은 시행착오를 겪는다. 실버타운의 입지를 잘못 선택해서다. 사람들은 보통 나이가 들면 산 좋고 물 좋은 한적한 곳에서 살아야겠다고 생각한다. 실제로 노인들은 그런 이야기를 많이 하기도 한다. 그 말을 믿고 실버타운들이 경관 좋은 한적한 곳에 많이 지어졌다. 그리고는 얼마 안 되어 노인들이 모두 떠나면서 모두 망하고 말았다.

이유는 하나였다. 노인들은 겉으로는 그렇게 이야기하지만 실제로는 산 좋고 물 좋은 한적한 곳을 좋아하지 않기 때문이다. 우리보다 앞서 일본에서도 도시에서 멀리 떨어진 곳에 실버타운을 많이 지었다. 그리고 모두 실패했다. 우리도 똑같은 전철을 밟았다. 경치 좋은 강원도에, 지리산 기슭에 지어놓은 실버타운은 전부 문을 닫아야 했다.

실버타운 실패의 이유는 노인들의 본성을 읽지 못했기 때문이다. 노인은 노인들끼리 어울리는 것을 더 좋아할 것이란 선입견과 달리, 그들은 젊은이들과 함께 있기를 원한다. 그런데 한적한 곳에 떨어져 있으니 젊은 사람을 만나기도 힘들고, 자녀들도 멀리 있는 부모들을 자주 찾지 않는다. 그리고 자고 나면 옆방 할머니, 할아버지가 노환으로 숨을 거둔다. 생명의 역동성은커녕 죽음이 항상 주위에 있다는 느낌에 노인들은 실버타운을 탈출한다.

시행착오를 겪은 기업들은 지금은 실버타운을 도심 부근에 짓는다. 거기서 노인들은 활력을 얻는다. 자녀들도 수시로 볼 수 있고, 조금만 나가면 젊은이들의 역동성을 느낄 수 있기 때문이다.

노인들이 많은 사회는 활력이 사라진다. 그들에게는 과거가 미래보다 훨씬 더 크기 때문에 새로운 꿈을 갖기 힘들다. 그 꿈을 실행할 시간과 능력도 모자란다. 이제 우리 사회는 어느새 실버산업이 주요 산업으로 떠오를 정도로 노인들이 많아졌다. 특히 노령화 속도는 가히 세계 최고 수준이다.

한국의 노령화, 막을 수 있다

불과 20여 년 전만 하더라도 다산多産은 미덕이 아니었다. 예비군 훈련을 가서 짜증스러운 훈련을 받지 않고 빨리 나올 수 있는 가장 편한 방법이 두 가지 있었다. 하나는 헌혈이고 다른 하나는 정관수술이었다. 격세지감을 느끼지만 그때는 다산을 국가와 가정의 행복을 좀먹는 것으로 여겼다.

출산율은 한 여성이 가임기간 동안 낳을 것으로 예상되는 아이의 수를 말한다. 지난 1970년의 경우 출산율은 4.53이었다. 그러던 것이 1980년에는 2.83, 2000년에는 1.42, 그리고 2005년에는 1.08까지 급락한 것이다. 30여 년 만에 4분의 1 수준으로 줄었다. 이제는 정부가 저출산 때문에 나라가 망하겠다며 아이를 낳으라고 호들갑을 떤다.

왜 이렇게 상황이 돌변한 것일까? 한마디로 애 키우기도 힘들고 키워봤자 미래가 밝지 않다고 생각하기 때문이다. 우리나라에서 아이를 키우려면 너무 많은 비용이 든다. 국민소득 2만 달러 시대가 되었지만, 우리 국민들은 삶의 질 향상을 위해 사용할 수 있는 가처분소득이 별로 없다. 아이들의 사교육비로 다 쓰이기 때문이다.

그렇게 돈 들여서 키워놓으면 취직이 안 되어 독립을 못한다. 두고 두고 애물단지가 되는 것이다. 20, 30대가 돼도 부모에게서 독립을 못하는 캥거루족이 주위에 허다하다. 다시 말해 아이를 낳고 키워서 얻을 수 있는 행복감의 크기가 한없이 줄어든 것이다.

그러나 아이를 낳지 않으면 장기적으로 사는 게 더 힘들어지고 나라도 쇠퇴할 수밖에 없다. 출산율이 내려가면 일할 사람이 줄어든다. 일할 능력은 갖지 못한 채 연금 수입에 의존하는 노인들은 늘어난다. 돈 버는 사람은 적은데 수명 연장으로 노인들은 계속 늘어가니, 국가 전체로 볼 때 경제활동인구 한 명당 부양해야 할 노인의 수는 크게 증가하는 것이다.

결국 생산과 소비의 주체인 청장년들은 각종 연금이나 세금 명목으로 수입의 상당 부분을 뺏기게 된다. 가처분소득이 줄면서 소비가 감소하고, 인구마저 줄어든 내수시장은 힘을 잃게 된다. 출산율 저하에 따른 노령화는 국가의 노령화를 가져오는 것이다.

한국의 출산율은 지난 2005년 1.08로 사상 최저치를 기록했다. OECD에 가입한 국가들 중 단연 최저다. 그런데 다행히 2006년에는 1.13으로 소폭 늘었다. 사주에 좋다는 쌍춘년과 황금돼지해 영향이라고도 하지만 어쨌든 출산율 하락세가 멈춘 것은 다행한 일이다. 여기다 2007년에는 1.25로, 그리고 그 다음해에도 점차 높아진다는 분석이 나오고 있다. 하향 추세가 증가세로 돌아선 것은 희망적이다.

우리나라는 정부의 인구정책이 제대로 효과를 발휘한 몇 안 되는 나라로 꼽히고 있다. 그 정책이 과거에 출산율을 낮추는 것이었다면 이제는 높이는 쪽으로 바뀌었다. 비관론도 많지만, 항상 그랬듯이 출산율 하락을 우리가 위기로 인식한다면, 위기에 강한 민족성이 발휘될 것이 확실하다.

지속적인 지원책이 관건

요즘 프랑스가 웃고 있다고 한다. 저출산 문제로 골머리를 앓았는데 출산율이 마침내 2를 넘어섰기 때문이다. 출산율 2는 프랑스에서는 최근 30년래 최고의 수치라고 한다. 역시 저출산에 따른 노령화로 고통받던 스웨덴과 핀란드도 출산율이 1.8 정도를 기록해 미소를 짓고 있다. 이들 나라의 출산율이 상승한 것은 정부가 적극적으로 출산 장려 정책을 폈기 때문이다.

프랑스의 경우 임산부에게 특별 수당은 물론, 3년간 매달 600달러의 생활보조금을 지급하고 있다. 육아휴직은 3년까지 가능하다. 또 셋째 아이를 낳은 뒤 1년 쉬고 복직하면 1년간 매월 900달러를 보조금을 준다. 이 뿐만 아니라 직장여성을 위해 직장 내 탁아시설을 의무적으로 갖추도록 했다.

스웨덴은 남성에 대해 여성과 똑같이 최장 480일간 유급 육아휴직이 가능하도록 제도화했다. 남성에게도 육아수당을 지급했다. 이런 파격적인 조치들은 아이 낳는 데 따른 부담을 크게 줄여주면서 EU 국가들의 출산율 제고에 기여하고 있다.

출산율 제고에 성공한 사례의 공통점은 대부분 돈이 문제 해결의 핵심으로 작용했다는 것이다. 이는 우리에게 시사하는 바가 크다. 우리도 돈 문제가 아이 낳기를 꺼리는 가장 큰 이유이기 때문이다. 그렇다고 우리보다 훨씬 부자 나라의 흉내를 그대로 낼 순 없다.

대놓고 보조금을 줄 수 없다면 다른 방법을 강구해야 한다. 정부와 기업이 업무를 분담하는 방향도 좋다. 정부는 다자녀 가구에 대해 파격적인 세제 혜택을 주거나 공공 부문에서 공급하는 주택 구입에 우선권을 부여하는 등 가능한 모든 방법을 생각해야 한다. 공무원 시험에서 가산점을 주는 방안도 생각해 볼 수 있다. 그러는 동안 기업은 출산 장려금을 주거나, 세 자녀 이상에게도 대학 등록금을 지원하고 사내 탁아소를 설치하는 등의 지원책을 강구할 수 있을 것이다.

실제로 이런 지원책은 일부 시행되고 있다. 당장 효과가 없다고 실망할지 모르지만 시간이 지나면 반드시 결실이 있다는 게 앞서 본 선진국의 사례가 증명한다. 그러나 "촛불 하나로는 1년 동안 불을 때도 밥을 지을 수가 없다"는 의미를 새겨둘 필요가 있다. 적당한 화력이 있어야 쌀이 밥이 되고 뜸도 든다. 무엇보다 부모가 피부로 느낄 수 있는 실제적인 지원책이 지속적으로 마련되어야 한다는 이야기다.

늙은 불사조는 무의미하다. 늙고 병든 몸으로 죽지 않는다면 그것만큼 괴로운 일도 없을 것이다. 변화무쌍한 기후에 힘차게 날아오를 수 있는 젊은 불사조가 우리가 꿈꾸는 나라다. 그러려면 출산율을 높여 인구의 노령화를 막아야 한다.

노후대비는 스스로 해야 한다

출산율이 다소 높아지더라도 어느 정도의 노령화는 궁극적으로 막을 수 없다. 노령화가 가져오는 가장 큰 현실적인 문제는 연금 부담에 따른 국가재정의 고갈과 세대 간 갈등이다.

‘요람에서 무덤까지’ 국민의 복지를 책임지던 유럽 국가들이 요즘 신음하고 있다. 무덤까지 책임지다가 재정이 고갈되어, 과도한 연금 지급에 따른 적자가 해마다 눈덩이처럼 커지고 있기 때문이다.

노인들의 풍요로운 삶을 위해 큰 부담을 짊어진 젊은이들은 연금제도에 불만을 품고 연일 데모를 벌이고 있으며, 독일과 같은 부자 나라는 국가예산의 절반 이상을 연금적자에 털어넣으며 빈털터리가 되어가고 있다. 견디다 못한 유럽 국가들은 이제 노후대비를 국민들이 알아서 하라는 쪽으로 정책의 방향을 바꾸고 있다. 개인들이 저축이나 주식 투자 등을 통해 살길을 찾아가라는 것이다. 이제 모두가 부러워하던 노인들의 유토피아가 디스토피아로 바뀌어가고 있는 것이다.

반면, 노인복지에서 최악의 국가로 불리는 미국의 노인들은 생존력이 강하다. 가계파산에 허덕이는 노인들이 있는 반면에, 미리 노후대비를 해서 풍요한 삶을 사는 노인들도 많다. 미리 대비를 못한 노인들은 70, 80대에도 일을 한다.

미국에서는 노후대비 상품으로 화물차 안에서 숙식이 해결되는 대형 컨테이너 차량이 인기다. 이 차량은 우리 돈으로 4~5억 원가량 하는 고가이지만, 미국의 중장년들은 노후대비 상품으로 이 차를 사기 위해 노력한다. 왜냐하면 대량 화물을 싣고 1~2주에 걸쳐 동서부를 횡단하면 연간 수만 달러의 고정 수입이 보장되기 때문이다. 그러다 보니 우락부락한 젊은이가 운전할 것으로 생각했던 대형 컨테이너 차량 안에 머리가 허옇게 세고 등이 구부러진 노인이 콧노래를 부르며 운전하는 모습을 자주 볼 수 있다.

유럽과 미국의 상황은 우리에게 많은 것을 시사한다. 결국 가장 확실한 노후대비 방법은 국가에 의존할 게 아니라 스스로 준비해야 한다는 것이다. 그것이 저축을 통한 것이든, 주식이나 부동산이든, 아니면 미국의 노인들처럼 적당한 일을 찾는 것이든, 선택은 자유지만 책임은 자기가 진다는 자세로 임해야 낭패가 덜하다.

동시에 우리의 경우 증여나 상속의 문화를 바꿀 필요가 있다. 많든 적든 자식에게 다 물려주는 관행으로는, 우리의 노후는 항상 척박하고 불안하다. 노후에도 최소한의 재력을 갖고 스스로 살아가는 것이 사회 전체로 볼 때도 젊은이들의 연금 부담을 덜어주는 방법이다.

미래를 창조하라

미래는 스스로 만들어내는 자의 것이다

미래는 예측할 수 있는가? 수많은 미래학자들이 미래를 예상하고 있지만, 미래는 생각만큼 간단치 않다. 시간의 패러독스는 미래를 알 수 없는 것으로 설명한다. 미래를 안다는 것 자체가 현재의 행동에 영향을 미칠 것이고 그러고 나면 알고 있던 미래는 사라지고 만다. 그러나 현재의 데이터를 토대로 어느 정도 예측은 가능하다. 그렇다면 미래에 대한 전문가들의 예상은 어땠을까?

1960년대부터 1990년대까지 수많은 미래 전문가들이 내놓은 2000년대에 대한 그럴듯한 전망들의 결과가 어땠는지를 살펴보는 것은 의미 있는 일이다. 당시 레스터 브라운Lester R. Brown이나 폴 에를리히Paul Ehrlich 같은 인구위기론자들은 폭발적인 인구 증가를 식량 생산이 따라가지 못해 2000년대에는 전 세계가 기아 위기에 직면할 것이라고 내다보았다.

지난 50년 동안 세계 인구는 개도국을 중심으로 폭발적으로 성장했지만, 당시와 비교해 기아 위기에 몰린 인구 비율은 크게 낮아졌다. 이유는 세계 경제가 6~7배가량 성장했으며 식량 생산도 세 배가량 증가했기 때문이다.

무엇보다 토지의 생산력이 크게 증가했다. 단위면적당 생산력은 좋은 비료와 품종의 개발로 예상을 훨씬 뛰어넘게 향상되었다. 그 때문에 과거 우리가 농민 보호의 한 방편으로 사용해 왔던 '식량 안보' 논리까지 무색하게 되었다. 마음만 먹으면 좋은 품종과 비료, 농약뿐만 아니라 비닐하우스 등을 통해 계절에 관계없이 식량 생산을 비약적으로 늘릴 수 있기 때문이다. 이는 안보 차원에서 일정 부분 이상의 토지를 농토로 관리하고 소비자들의 높은 비용 지출에도 불구하고, 농민을 일정 수준으로 유지해야 한다는 안보 논리를 축출했다.

1970년대 초 로마클럽은 당시로서는 최선의 분석 도구를 활용해 미래를 전망한 결과, 2000년대에 들어서면 인간의 멸망을 초래할 만한 심각한 문제들이 도래할 것이라고 단언했다. 로마클럽이 〈성장의 한계〉

라는 보고서를 통해 내놓은 이런 전망은 최소한 지금의 상황을 보면 맞지 않는 것 같다.

비관적인 전망뿐만 아니라 낙관적인 전망 역시 빗나간 게 많다. 1980년대 초에 세계의 각 분야 전문가들은 2000년에는 에이즈가 완전히 정복될 것으로 내다보았다. 인류의 가장 큰 치명적 질병인 암도 백신을 통해 예방이 가능하고 완전 치유도 가능할 것으로 예상했다. 또, 달에는 작으나마 인간이 거주하는 도시도 건설될 것으로 기대했다.

그러나 아직도 달기지 건설은 요원하고, 에이즈와 암은 여전히 인류를 위협하고 있다. 피터 드러커는 "미래는 알 수 없는 것이고 우리가 기대하는 것과는 다른 것이다"라고 해석했다. '미래는 알 수 없는 것'이라는 전제가 역설적으로 미래에 적극적으로 대응할 힘을 준다. 만약 미래를 예측할 수 있다면 투지와 노력이 사라질 것이다. 왜냐하면 그 미래가 좋다면 노력하지 않을 것이고, 미래가 나쁘다면 해봤자 별 수 없으니 역시 노력하지 않을 것이기 때문이다.

1960~1970년대 당시 세계에서 가장 우수한 두뇌와 데이터를 활용해 한국의 30년 후 미래를 분석했다면, 지금의 한국 모습을 그려냈을까? 그보다 더 쉬운 접근으로, 미래학자들은 IMF 사태 직후 한국이 국가부도 사태를 극적으로 극복하고 불과 10년 만에 세계 10대 강국으로 발돋움하리라고 예상했을까?

미래는 항상 예상보다 훨씬 나쁘거나 아니면 훨씬 좋은 법이다. 달리 말하면 그만큼 미래 예측이 힘들다는 이야기다. 그렇다면 선택을 해야 한다. 예측이 불가능한 미래에 대해 두려워하고 결정론적인 자세로 방관하거나, 원하는 미래의 모습을 설계하고 현재에 자극을 주는 방법이 있다.

미래를 방관하면 항상 불안에 떨 수밖에 없다. 아무것도 할 수 없는 나를 미래가 압도하기 때문이다. 그러나 미래를 설계하면 마음대로 되지 않을 수도 있겠지만, 훨씬 좋은 미래를 가질 수 있는 가능성을 높이게 된다. 미래의 창조자가 되는 것이다.

우리는 미래를 위해 현재를 자극하는 삶을 살아왔다. 그를 통해 한때 북한보다도 못했던 삶의 수준이 선진국의 수준까지 높아졌고, 역사상 가장 강한 국력을 가지게 되었다. 우리의 미래는 항상 예상보다 훨씬 좋았던 것이다. 이제 또 한 번 '베팅' 해야 할 시기가 왔다. 역사상 가장 좋은 조건을 가지고 예상보다 훨씬 좋은 미래를 설계하는 것이다. 그것을 위해 우리가 가진 조건들을 살펴보고, 그 조건들을 최대로 활용할 수 있는 방향을 살펴볼 필요가 있다.

모험 없는 발전은 없다

미래는 그래도 자비롭다. 예측 가능한 부분을 남겨놓았기 때문이다. 온난화가 궁극적으로 어떤 결과를 낳을지는 모르지만, 그 충격을 완화할 노력을 할 것이다. 동시에 날씨 변화에 따라 새로운 산업의 동기를 제공하고 주거 영역의 변화도 가져온다.

이처럼 미래를 어느 정도 예측 가능하게 하는 변수는 또 있다. 많은 전문가들이 공통적으로 제시하는 변수는 인구통계학적 변화다. 추세적 특성을 가졌기 때문인데, 일부에서는 이마저도 예측 불가능성을 제기하기도 한다. 그래도 인구 추이를 보면 변화의 방향을 어느 정도 읽을 수 있다.

출산율이 낮아지면 국가 재정에서 연금 부담이 급격히 높아질 것이다. 또, 유아용품이나 어린이용품이 고급화된다. 적은 아이를 귀하게 키우려는 심리가 발동하기 때문이다. 수명이 길어지고 노인 인구가 많아지다 보니 실버산업이 번창하리란 예측도 가능하다. 인구가 줄어가면서 국민소득은 높아지겠지만, 육체노동자가 줄면서 외국인 근로자의 급증도 예상할 수 있는 부분이다. 다인종이 급속히 유입된 가운데 문화적 갈등도 생길 수 있다.

산업구조도 어느 정도 예측할 수 있는 부분이다. 컴퓨터와 인터넷의 발달은 지식사회의 발전을 가속시키고, 정보 격차는 더욱 벌어져 지식의 양극화 현상도 빚어질 수 있다. 필연적으로 서비스업의 비중이 높아질 것이며, 그중 의료와 교육은 여전히 공적 서비스와 사적 서비스의 경계선 상에서 여전히 골치 아픈 모습으로 남을 것이다.

예측 가능한 변수를 가장 잘 읽고 활용할 수 있는 능력은 미래를 창조할 수 있는 능력이다. 그 능력은 승부수를 띄우는 결단에서 나온다. 지금의 삼성이란 세계적 기업을 있게 한 것은 반도체다. 삼성이 반도체에 진출한 계기는 바로 예측 가능한 변수를 정확히 읽고, 무모하다는 주변의 만류를 뿌리치면서 결단을 내린 이병철 회장 때문이다. 이병철

전 삼성그룹 회장은 세상이 크고 무거운 물건보다 가볍고 작은 물건을 선호하는 방향으로 가고 있다는 걸 알았다. 그리고 생활용품, 특히 전자제품이 그 같은 경박단소輕薄短小로 나아가는 과정에서 핵심 원동력이 반도체가 될 것이라는 확신을 가졌다.

미국과 일본이 저만치 앞서가고 있고 아무런 기반도 없는 상태에서 무리한 투자는 실패를 부를 게 뻔하다며 만류하는 이들도 많았지만, 이 회장은 필생의 각오로 반도체 사업을 밀어붙였다. 통상 2년이 걸린다는 반도체 공장을 6개월 만에 지었고 사장 월급의 서너 배를 주면서 일본과 미국에서 핵심 인력을 스카우트해 왔다.

그리고 20여 년의 세월이 흐른 지금, 삼성은 세계 최고의 반도체 기업으로 자리를 굳혔다. 이익을 조 단위로 남기는 지금의 삼성은 반도체 투자 없이는 불가능했다. 만약 삼성이 그때 성공한 가전 사업이나 식품 사업에 만족하며 안주했다면 삼성과 한국의 미래는 크게 달라졌을 것이다. 위대한 경영학자 피터 드러커는 "진정한 도전은 늘 하던 것을 잘하는 것이 아니라 그것을 부수고 새로운 것을 다시 만드는 것"이라고 했다.

CDMA라는 새 기술을 전격적으로 선택해 우리의 이농통신 기술이 세계적 돌풍을 일으킨 배경도 비슷하다. 원천기술은 미국 회사 퀄컴이 개발했지만 그것을 응용하고 상업화해서 거대 산업으로 세계시장에 진출시킨 것은 한국의 역할이었다. 한국은 멋진 선택을 통해 세계 최강의 이동통신 강국이 된 것이다.

초기 CDMA 기술은 미래를 장담할 수 없는 불안한 씨앗이었다. 좋은 씨앗이란 판단이 들더라도 감히 한 번도 써보지 않은 씨앗을 온 들에 뿌리기는 쉽지 않은 일이다. 또, 아무리 좋은 기술도 몇몇 강대국이 자신들의 기존 인프라나 이익에 부합되지 않는다는 이유로 채택을 거부하면 사장되고 만다. CDMA는 그런 많은 위험요소를 안고 있었지만 결국은 대박을 터뜨렸다. CDMA를 국가 단일 표준으로 선택한 것은 우리 정부와 기업의 미래를 향한 승부수였다.

예측 가능한 변수를 통해 얻은 확신 위에 과감하게 단행되는 신규 투자는 눈부신 미래를 창조할 수 있다. 세계적인 기업, 앞서가는 민족, 부강한 국가를 이루기 위해서는 승부수가 필요하다. 모험 없는 큰 발전은 없다. 우리에게는 미래를 두려워하지 않고 창조하겠다는 의지와 함께 예측 가능한 변수를 활용해 최선의 선택을 할 수 있는 승부사와 승부수가 필요하다.

기꺼이 책임지는 리더와 안목을 갖춘 국민

조직의 의사결정 과정에 다양한 형태가 도입되고 있지만, 어떤 조직이든 최종 결정권을 가지는 리더가 있게 마련이다. 리더의 역할이 가장 중요한 때는 위기의 순간과 새 일을 시작할 때다.

위기의 순간이나 급박한 순간에는 토론이나 합의에 필요한 시간이 없다. 리더의 역량에 전적으로 의존해 신속한 결정을 내려야 한다. 리더가 일단 결정을 내리면 생각이 다르더라도 조직원 모두가 리더를 의

지하고 따라야 한다.

충돌 직전의 차량에서 인명 피해의 경중을 결정하는 것은 운전기사의 판단이다. 단 몇 초 사이에 동승자들에게 의견을 구할 수도 없으며 그 의견이 하나로 통일될 것으로 기대할 수도 없다. 동승자 역시 운전기사의 정확한 판단을 믿을 뿐이다. IMF 위기를 슬기롭게 극복한 것도 바로 국가 리더의 빠른 결정과 그에 군소리 없이 따라준 우리 국민의 승리였다.

그러나 리더가 위험에서 항상 옳은 결정을 내릴 수는 없다. 운 좋게 위기를 탈출하는 경우도 있겠지만, 리더의 잘못된 판단으로 늪에서 헤어나지 못할 수도 있다. 그러나 분명한 것은 리더의 판단을 믿고 신속하게 따라주는 것이 위기 상황에서 생존 가능성을 높이는 가장 좋은 방법이란 것이다.

새로운 과업 수행도 마찬가지다. 많은 토론과 분석을 거쳤더라도 최종 판단은 리더가 해야 한다. 결과가 불확실하더라도 어차피 해야 할 판단이라면 리더는 결정을 주저해서는 안 된다. 새로운 과업은 시간이 지날수록 상황이 더욱 불리해지기 때문이다.

가정이든 기업이든 정부든 모든 분야에서 리더는 최종 판단을 구성원에게 미뤄서는 안 된다. 책임을 기꺼이 지지 않는 사람은 리더로서 자격이 없다. "알아서 결정하라"며 선택을 미루는 리더는 결과를 무서워하는 비겁자다.

또한 결과에 대한 책임을 반드시 리더가 져야 한다. 최근 우리나라에는 리더가 책임을 구성원에게 미루는 일들이 자주 일어나고 있다. 자신은 잘했는데 구성원들이 잘 따라주지 않아 일이 실패했다는 것이다. 엄밀하게 따지면 실패는 리더와 구성원 양쪽에 있다. 그러나 틀린 것이 있다. 책임은 리더가 져야 한다는 사실을 잊은 것이다.

리더는 책임자다. 과정이 어찌 되었든 결과에 대한 책임은 리더의 몫이다. 그것이 리더의 의무인 동시에 권리다. 그게 싫다면 자리를 내놓아야 한다.

현실의 작은 이익보다 미래의 큰 이익에 승부를 걸어라

리더는 미래를 장기적인 관점에서 운용해야 한다. 가시밭길 너머에 좋은 목초가 자라는 기름진 초원과 맑은 강이 흐르고 있다면 양들을 그곳으로 인도해야 현명한 양치기다. 양들은 당장 맞닥뜨려야 하는 가시가 싫어서 소리를 지르겠지만, 그 길이 끝나고 드넓은 초원이 나타나면 가시밭길을 까맣게 잊을 것이다.

그 반대로 하기는 오히려 쉽다. 지금은 풍부하지만 몇 달 뒤에는 황폐화될 게 뻔한 목초지에 머무르면 당장은 좋지만 나중에 너무 힘들어진다. 그러나 양들은 미래의 배고픔에 둔감하다. 당장 배부른 게 양들의 심성에는 맞는 것이다. 그래서 가시밭길을 지나 더 큰 목초지로 가자고 재촉하는 양치기는 성가시다. 할 수만 있다면 그를 내쫓아버리고 싶어 한다.

이런 것이 정치다. 역사상에 존재했던 강국, 현재 지구상에 위세를 떨치고 있는 강국들은 어느 땐가 미래를 설계했던 지도자 덕분에 그 자리에 서 있다. 평가가 엇갈릴 수도 있지만, 영국에는 엘리자베스 1세 여왕과 대처 수상이 있었기에 근현대사 연이어 세계의 주도국가가 될 수 있었다. 중국에는 등소평이 잠룡潛龍을 깨웠고, 미국에는 조지 워싱턴과 링컨, 루즈벨트가 있었기에 최강국의 자리를 차지했다. 한국에는 박정희란 지도자가 그 기초를 닦았다.

어떤 이라도 그 상황에서 지도자가 되었다면 그 이상 성과를 냈을 것이라고 말하는 전문가들도 있지만, 그들은 지도자의 의미를 모르기에 전문가로서 자질이 없다. 지도자는 현재 국민이 분출하는 욕망과 미래의 불확실성 속에 숨은, 더 큰 가치를 두고 끊임없이 저울질하고 방향을 고심하는 사람이다. 망망대해에서 나침반을 1도만 잘못 읽어도 배의 종착지가 수백, 수천 킬로미터가 달라지듯 지도자의 판단은 조직과 국가의 운명을 송두리째 바꿔놓는다.

지도자는 미래를 고민해야 한다. 현재는 다른 전문가들에게 맡겨도 된다. 금세 바닥이 드러나는 꿀을 국민들의 입에 발라주며 국민들의 환호를 받는 지도자는 지도자가 아니라 선동가일 뿐이다. 포퓰리즘은 그렇게 탄생하고 조직과 국가를 벼랑 끝으로 몰고 간다. 남미의 모습이 그렇다.

동시에 국민들도 지도자를 볼 수 있는 안목을 길러야 한다. 포퓰리즘의 단맛에 물들면 종국에는 나에게 참담한 결과가 주어진다는 사실을 깨달아야 한다. 현실의 작은 고통이 큰 미래를 기약한다면 그것을 약속하는 지도자를 따라야 한다. 만약 내 자신에게 그 혜택이 돌아오지 않는다 하더라도 내 아이들이 혜택을 받는다 생각하면 마음을 편하게 가질 수 있다.

예측 가능한 변수를 활용해 미래를 설계할 수 있는 능력, 조직원이나 국민들에게 인내를 요구하고 때로는 질책할 수 있는 용기, 과업의 추진 과정에서 구성원들을 기꺼이 참여시킬 수 있는 정치력이 '불사조의 나라 한국'를 이끌어갈 리더의 조건이다. 동시에 그런 리더에게 힘을 모아주고 협력해서 집단의 시너지를 높이는 일이 불사조의 국민이 해야 할 역할이다.

완벽한 선진국은 없다

사람 사는 곳은 다 똑같다

선진국에는 고부 간의 갈등이 없을까? 선진국에서는 공무원들이 투명하고 정치인들이 뇌물을 받지 않을까. 선진국에서는 관람객들이 떠난 자리가 깨끗한 모습일까?

우리는 잘못이나 허물을 지적할 때 항상 "선진국에서는……"으로 운을 뗀다. 오랜 세월 동안 선진국은 우리의 모델이었다. 선진 의식, 선진 문물, 선진 제도, 선진 시스템 등 우리가 부족한 그 무엇이 필요할 때는, '완벽한' 선진국에서 들여와야 했다. 그러나 선진국도 사람 사는 곳이다. 의식이 높은 사람도 존재하고 밑바닥 인생도 존재한다. 정도의 차이가 있을 뿐 우리가 가진 허물을 그들도 함께 갖고 있다.

미국에 있을 때 TV에서 시사보도 프로그램을 시청한 적이 있다. 피살된 젊은 가장의 살인사건을 추적한 내용이었다. 젊은 남녀가 사랑을 하고 결국 결혼에 성공했다. 2년 뒤 부부의 모습을 반씩 닮은 귀여운 딸이 태어났다. 그런데 남편 회사가 어려운 상황에 처하면서 남편의 야근이 잦아졌다. 야근은 기본이고 밤을 새는 일도 잦았다. 부부 간에 갈등이 생겼다. 젊은 부부는 별거 끝에 이혼했고, 경제력을 이유로 딸의 양육권은 아빠에게 돌아갔다.

그런데 딸을 기르던 남편이 갑자기 집안에서 총을 맞고 숨졌다. 경찰의 수사 결과 남편을 죽인 범인은 장인으로 밝혀졌다. 장인과 장모가 외손녀를 되찾아 오기 위해 공모를 하고, 꽃 배달을 가장해 전 사위 집을 방문한 뒤 문을 여는 사위에게 총격을 가한 것이다.

그 전에 사위는 당초 결혼을 반대한 처가와 끊임없이 갈등을 겪은 사실이 밝혀졌다. 사위의 배경이 딸만 못하다는 것이었다. 약간의 지원을 빌미로 장인 장모는 지속적으로 능력이 달리는 사위를 괴롭힌 것이다. 더욱 놀라운 것은 살해 과정에서 부인도 개입했다는 정황 증거가 많이 포착되었다는 사실이다.

우리는 미국의 젊은이들이 부모의 간섭 없이 마음 끌리는 대로 결혼하는 것으로 생각하지만, 미국의 백인 가정도 가문과 재산과 직장을 따졌다. 고부간의 갈등은 물론, 처가와의 갈등도 상존한다.

핏줄에 대한 집착도 절대 우리만 못하지 않다. 해결 방식도 우리 이상으로 과격하다. 총기 사용이 가능하다 보니 사망률도 훨씬 높다. 미국의 경우 1년에 총기사고로 숨지는 사람이 3만 명에 달한다. 또 연간 1,300만 명이 강도나 절도 등의 범죄 피해자가 된다. 700만 명이 마약 중독자이며 500만 명의 여성들이 집에서 구타를 당한다.

미식축구나 농구에서는 라이벌전에서 응원단끼리 난투극도 심심찮게 벌어진다. 디즈니월드 같은 세계 최고의 레저시설에 가보면, 공연이 끝난 자리에 쓰레기가 몇 트럭분이다. 선진국은 그렇지 않다던 한국의 공익광고가 가증스럽게 여겨진다.

파리 등 유럽 대도시를 가보면 횡단보도가 거의 무법천지다. 파란불인데도 차량이 건널목으로 밀고 들어오며, 보행자가 별로 없으면 파란불은 아무 의미가 없다. 길거리에서 침 뱉는 건 예사고 식당에서는 담배꽁초가 바닥에 가득하다.

또 선진국에서도 잊을 만하면 수뢰사건이 터진다. 그것도 존경받던 하원의장 같은 사람이 뇌물혐의로 구속된다. 길거리에서는 뺑소니 사고도 심심찮게 터진다.. 몇몇 기업들은 허위 장부로 탈세하다 적발되기도 한다. 멀쩡한 다리가 끊어지는가 하면 식중독 사고도 심심찮게 발생한다.

지금까지 우리 위정자들은 선진국이 모든 면에서 완벽한 것처럼 국민을 교육해 왔다. 모델이 있으면 따르기가 쉽기 때문이다. 아직까지 공중의식과 배려의 문화가 부족한 건 사실이지만, 그렇다고 우리가 형편없지는 않다.

어떤 부분에서는 우리가 더 앞선다. 응원 문화도 그렇다. 가끔씩 눈살을 찌푸리게 하는 장면도 있지만, 그래도 질서 정연하고 기교까지 갖춘 우리의 응원 문화가 훨씬 수준 높다. 교통신호도 선진국 중 중간은 간다. 기업이나 공적 업무의 투명성은 최상급은 아닐지언정 높은 편이다. 지나친 자격지심을 가질 필요도 없고 그럴 이유도 없다.

완벽에 대한 환상이 과잉을 낳는다

'완벽한 선진국의 환상'은 행동의 과잉을 낳는다. 얼마 전 교통방송에서 한 40대 여성운전자의 하소연을 들었다. 그녀는 복잡한 진입로에 끼어들려는 옆 차선 차량들을 배려하기 위해 3~4분간 정차했다. 그런데 이런 맘을 몰라주고 그녀의 뒤에 있던 차량 운전자들이 경적을 울리고 고함을 지르며 항의했다는 것이다. 그녀는 이렇게 말했다.

"정말 한국 사람들은 문제에요. 외국에서는 차선 변경을 하는 차에게 다 양보한다고 그러잖아요. 아직 우리나라는 선진국이 되려면 한참 멀었다는 느낌이 들더라고요."

그러나 틀린 것은 오히려 그녀다. 그녀는 선진국에 대한 과잉 환상에 사로잡힌 것이다. 내가 경험한 바로는 어떤 선진국에서도 복잡한 도로에서 3~4분간 정차하며 옆 차선 차량이 끼어들기를 배려하지 않는다. 기껏해야 한두 대일 것이다. 도를 지나친 배려는 또 다른 사람들에게 폐가 된다는 것을 그녀는 깨닫지 못한 것이다.

우리는 선진국들이 원칙과 도덕 준수에서 완벽하고 배려와 양보가 넘치며 정책의 투명성이 최고일 것으로 생각하지만, 선진국도 부도덕과 조급증과 불투명성으로 가끔 골치를 앓는 '사람 사는 곳'이다. 다른 게 있다면 정도의 차이일 것이다.

'완벽한 선진국'은 정책의 과잉도 부른다. 선진국에서도 접대와 로비가 존재하는데 선진국에서는 마치 없는 것으로 몰아붙이며, 세무 조사를 하고 접대비 한도를 축소한다. 선진국들도 음성적으로 묵인하는 성매매를 완벽하게 막겠다며 특별법을 만들어 오히려 주택가로 성매매가 침투하게 만든다. 인권을 보호한답시고 불법 폭력 집회를 방치하다 보니 온 거리가 전쟁터로 변한다. 범죄자도 인격이 있다며 사람을 몇 명이나 살해한 연쇄살인범의 얼굴을 가리기 위해 방송화면에 과도하게 모자이크를 하다 보니 화면이 걸레가 된다. '복지의 모델'로 여겨졌던 유럽식 복지정책이 파탄에 빠졌는데도 그 길이 바른 길이라며 집착한다.

선진국은 절대 완벽하지 않다. 그들 역시 시행착오를 통해 모순을 해결하고 상처를 치유하고 있는 '진행형'의 국가일 뿐이다. 선진국의 장점을 배우는 것은 마땅한 일이지만, 완벽한 선진국을 상정해 놓고 거기에 맞추려는 것은 또 하나의 함정에 빠지는 길이다.

자만하지 않되 자존심을 살리는 국가 홍보

이른바 '품격'의 부분에서 다소 모자라지만, 한국은 현대 세계사에서 절대 만만찮은 존재다. 한국의 객관적 위상은 상당하다. 오히려 '객관적 위상'만큼 외국의 '주관적 인식'이 따라주지 못하고 있다는 느낌이다.

얼마 전 중국 국무원 산하 사회과학원이 세계 각국의 국력을 평가한 적이 있다. 군사력, 외교력, 기술력, 인적자원, 자본력, 정보통신, 자연자원, GDP 규모, 정부 통제력 등 9개 항목에서 점수를 매겨 순위를 낸 것이다. 그 결과를 보면 한국은 세계 9위의 국력을 가진 나라였다. 미국이 1등이었으며, 그 다음이 영국, 러시아, 프랑스, 독일, 중국, 일본, 캐나다의 순이었고 한국에 이어 인도가 10위를 기록했다.

세계 영토에서 0.07퍼센트의 크기를 가진 나라, 인구로는 세계 인구의 0.7퍼센트에 불과한 나라의 국력이 세계 아홉 번째였다. 우리가 향후 더 올라갈 가능성과 희망이 있음을 제쳐놓더라도 이 정도의 결과만으로도 자랑스러운 일이 아닐 수 없다.

종합 국력 세계 9위는 식민지 상태에서 해방 이후 겨우 60년을 달려온 나라, 그것도 전쟁과 혁명, 국가부도 사태 등 수많은 풍파를 겪은 나라의 국력으로 인정하기에는 너무도 찬란하다. 자만하지는 말되 자부심은 충분히 가질 권리가 있는 것이다. 우리의 객관적 능력만큼, 한국에 대한 외국의 주관적 인식이 못 따라오고 있는 부분은 우리가 노력해서 개선할 필요가 있다. 삼성이나 LG, 현대가 일본 기업이 아니라 한국

기업이란 것, 한국에는 고유의 언어가 있다는 것, 역사가 5천 년을 넘는다는 것, 세계 10위권의 경제대국이란 것 등을 알리는 제대로 된 국가 홍보가 필요해 보인다.

세계 속, 재외동포에게 다가오는 한국의 위상 변화

미국은 강대국이 아니라 초강대국이다. 현존하는 국가 중에 그 어떤 나라도 최소 10년 안에 미국과 겨룰 수 있는 나라는 하나도 없다. 과거 냉전시대에 소련과 중국이 미국과 자웅을 겨뤘지만, 소련은 연방 해체와 경제 파탄으로 일찌감치 경쟁에서 멀어졌고, 급성장하고 있는 중국도 아직은 미국의 상대가 아니다.

슈퍼파워인 미국은 그들의 힘만큼 상대를 좀처럼 인정하지 않는 우월감을 갖고 있다. 동남아 등지에서 한국의 위상이 크게 높아졌다고 하지만 미국 안에서 한국을 인정받기는 정말 힘들다. 그러나 그것도 조금씩 바뀌어가고 있다.

미국에서 상담이나 각종 행사를 이유로 각급 학교를 방문해 보면 재미있는 것을 느낀다. 초등학교에서는 학습시간이든 놀이시간이든, 아시아계나 백인 또는 흑인 아이 할 것 없이 서로 잘 어울려 놀고 공부한다. 그들의 학습이나 놀이에서 인종 차별의 그림자를 찾아볼 수 없다.

그러나 중학교만 가더라도 사정이 조금 달라진다. 사춘기에 접어들면서부터 백인 아이들은 백인 아이들끼리, 아시아계는 아시아계끼리, 히스패닉 학생들은 그들끼리 서서히 배타적 '관계 맺기'에 돌입하는 것이다. 그리고 조금씩 인종간의 반목도 생기는 것을 지켜볼 수 있다. 이렇게 중고등학교에서 불안한 동거를 거친 아이들은 대학교에 들어가면서 확연히 경계선을 갖게 된다. 자의든 타의든 인종별로 어울리며 배타성을 갖는다는 것이다.

이 와중에 미국교포들과 그들의 자녀들은 일대 정체성의 혼란에 빠진다고 한다. 미국 내 교포 2세들은 대개 한국어가 서툴다. 집에서 한국어를 쓰는 부모 밑에서 자랐다고 하지만, 교우관계나 학교생활이 모두 영어로 이뤄지는 현실 때문에 한국어는 어차피 낯설고 힘든 외국어일 뿐이다. 또, 한국 문화와 역사 역시 알면 좋지만 꼭 알아야 할 필요성은 없는 이질적 요소에 불과하다.

많은 교포 부모들도 아이들에게 한국어를 가르쳐야 할 절박성을 느끼지 못한 듯하다. 어차피 그들의 자녀가 한국에서 살 것이 아니라 미국에서 터를 닦을 것이기 때문에 구태여 한국어를 잘하도록 다그칠 필요성이 없다고 생각하는 것이다.

그러나 문제는 다인종 국가인 미국에서 각 인종들이 확고한 정체성을 갖기 시작하는 대학부터 발생한다. 백인은 백인끼리, 흑인이나 히스패닉은 각자 그들끼리, 그리고 심지어는 다른 아시아계도 일본인은 일본인끼리, 중국인은 중국인끼리 어울린다.

이런 와중에 미국 내 교포 자녀들은 어쩔 수 없이 미국 내 대학에서 상당수를 차지하고 있는 한국인 유학생들로 구성된 집단을 찾지만 그것이 쉽지가 않다. 한국 유학생들은 한국어가 서툴고 사고와 성장 배경에 차이가 많은 교포 학생들이 그룹에 들어오는 것을 꺼리며, 설령 그룹에 들어간다고 해도 동질감을 찾기가 어렵다는 것이다.

미국에서 부동산 컨설턴트로 성공한 한 교포는 어느 날 대학에 들어간 딸이 통곡을 하며 자신을 원망하는 것을 듣고 충격에 빠졌다고 말했다. 내용인즉 "아빠 엄마가 왜 나에게 한국어를 제대로 가르쳐주지 않았느냐"는 것이다. 그녀의 딸은 학교에서 한국인 유학생 집단으로부터 왕따를 당했던 모양이다. 얼굴만 한국인일 뿐 의식이 미국인인 그녀가 심정적으로 기댈 집단이 없었던 것이다. 이런 일은 요즘 들어 교포 사회에서 흔하게 일어나는 일이 되었다.

한국어를 할 줄 아는 것, 그리고 한국인의 정체성을 갖는 것이 어느 순간부터 경쟁력으로 작용하기 시작한 것이다. 그것은 두말할 필요 없이 한국의 경제력이 급성장하면서 따라온 결과다.

예전에 미국 생활에서 한국인의 정체성은 큰 도움이 안 되며 자랑스럽지도 않은 요소였지만, 지금은 자랑할 정도는 아니라도 생존에 도움이 되는 요소로 바뀌었다. 미국과 한국의 교역 규모가 커지고, 대기업의 미국 내 한국지사의 설립이 크게 늘어나면서 한국어 구사능력은 교포들의 생존에 중요한 조건이 되었다.

그러다 보니 미국 내 교포사회 곳곳에서 자녀들에 대한 한국어와 역사 가르치기 붐이 일고 있다. 한인교회나 성당에서는 '한국어반', '민족 성경학교', '한국 역사 바로알기 교실' 등의 다양한 이름으로 된 교과과정을 통해 한국어와 역사·문화 가르치기에 나서고 있다.

내가 연수 기간 동안 머무른 노스캐롤라이나 주의 채플힐, 랄리, 더 램 지역에서도 현지 한인 교회들은 주일 예배가 끝난 뒤나 주중 특정일에 교포 자녀들에게 한국어를 집중적으로 가르치는 과정을 신설해 운영하고 있으며, 대부분의 교포들이 자신들의 청소년 자녀들을 이 과정에 등록시키고 있다.

이런 열기에는 미국에서 자연히 획득한 영어가 예전만큼 경쟁력을 가질 수 없게 되었다는 인식도 작용했다. 현지에서 사업을 하는 한 교포는 이런 이야기를 했다. 중학교와 고등학교에 다니는 남매를 한국에 교환학생으로 몇 달 보냈는데 아이들이 한국에 머무르는 동안 충격을 받았다는 것이다. 내용인즉 한국에 가보니 일부 한국 아이들은 한국어뿐만 아니라 영어, 일어 등 다른 외국어까지도 능수능란하게 하더란 것이다. 영어를 유일한 무기로 생각했던 교포들이나 그들의 자녀들로 볼 때는 허탈감이 들 수밖에 없는 대목이다.

미국에서 한국의 위상은 그리 크지 않다. 왜냐하면 미국이 워낙 크고 강하기 때문이다. 한국이 세계 10위 국력을 갖고 있다지만, 미국인의 입장에서는 자신들에 비해 모든 면에서 수십 분의 1에 불과한 작은 나라로 인식해 왔다. 그러나 갈수록 상황은 달라지고 있다.

한국은 교역 대상으로서, 또 외교적으로 절대 무시할 수 없는 나라라는 걸 미국 정부와 지도층은 알고 있다. 1조 달러 규모의 시장을 가진 한국은 미국의 7대 교역국이다. 미국의 대한對韓 상품 수출은 해마다 두 자릿수 증가율을 보이고 있다. 또한 미국은 한국의 3대 시장으로서 한국의 수출상품 중 17퍼센트를 수입하고 있다.

지정학적으로도 미국이 견제하는 중국, 러시아, 일본 등 모든 초강대국이 모여 있는 중심에 한국이 있다. 한국의 작은 운신은 외교적으로 캐스팅보트Casting Vote에 준하는 중요성을 가지는 것이다. 미국이 싫어하든 좋아하든 실존하는 한국의 위상은 커지고 있으며, 그 같은 변화를 교포들은 피부로 느끼고 있다.

한국인의 정체성은 민족적 자긍심이 있을 때 자연스럽게 부각된다. 그 자긍심이 미국 내 교포 사회에서 조금씩 살아나고 있으며, 그것은 현재 한국이 차지하고 있는 세계적 위상을 방증하는 요소이기도 하다.

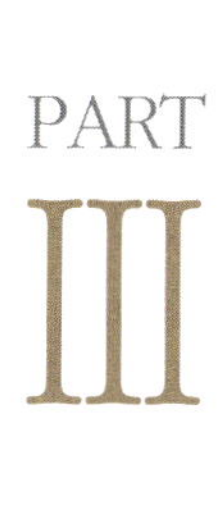
PART
III

불사조의
나라

문을 열며…

한 사회를 건강하게 구축하는 데 중요한 것 중 하나가 이념이다. 건강한 이념이 있어야 구성원들이 결과에 승복하고 공동의 목표를 추구할 수 있다.

또한 경쟁력있는 이념이 있어야 사회도 강해진다. 잘못된 이념의 덫은 낭비와 갈등을 조장한다. 성공의 동기를 좀먹고 활력을 사라지게 한다. 우리 사회의 지배적 이념은 자본주의와 시장경제다. 그러나 어느 사회든 절대불변의 단일한 이념은 없다. 이념 자체도 사회와 유기적으로 교류하며 진화하기 때문이다.

우리가 수용한 시장주의는 경쟁을 전제로 한다. 건강한 경쟁이 발전의 동력이긴 하지만 그 와중에 필연적으로 개인 간, 집단 간 차별을 낳는다. 양극화는 점차 심해지고 있지만 양극화 해소에는 너무나 많은 비용이 들기에 모든 나라가 골치를 앓는다.

서로를 모방한 양극화 해법이 공동의 실패를 가져왔다면, 우리만이 할 수 있는 '공생의 이념'은 없는지 생각해 볼 필요가 있다. 왜냐하면 우리는 남들이 못 가진 훌륭한 특성이 있기 때문이다. 그것은 뛰어난 개인적 자질과 단합의 힘이다.

01

역경이 빚어낸 강한 한국인

혹독한 고난은 사람도 단단하게 한다

가장 뛰어난 바이올린 하면 음악인은 물론이고 음악을 잘 모르는 사람들도 상식처럼 스트라디바리우스Stradivarius를 떠올린다. 명품 악기의 대명사로 불리는 스트라디바리우스는 가격이 20억 원을 호가하며 바이올린 연주자라면 평생에 한 번은 연주해 보고 싶은 악기다.

스트라디바리우스가 왜 명품일까? '스트라디바리' 라는 17세기의 뛰어난 장인이 만들었기 때문이라고 말하기에는 뭔가 부족하다. 그로부터 지금까지 수세기 동안 그만한 명인이 나오지 않았다고 할 수 없기 때문이다.

과학적인 분석으로 그 비밀을 찾아냈다. 바이올린의 소리에 가장 잘 어울리는 목재로 만들었기 때문이다. 그런데 그 목재는 특별한 종류가 아니라 특별한 기간에 만들어진 것이었다.

현과 활의 마찰에 의해 생겨난 소리는 바이올린 동체 속에서 공명하여 아름다운 음을 발산한다. 따라서 동체를 이루는 나무의 재질이 음질에 결정적 영향을 미친다.

스트라디바리우스의 비밀은 바로 나무의 재질에 있었다. 1400년대부터 1800년대 중반까지 유럽에 소빙하기가 닥쳐서 혹독한 추위가 나무의 성장을 늦췄다. 그러면서 바이올린의 재료가 되는 가문비나무들이 유례없이 단단한 재질을 갖게 된 것이다.

바로 그 시기에 스트라디바리라는 탁월한 장인이 나타나 뛰어난 재료로 악기를 만들었고, 결국 전무후무한 명작이 된 것이다. 그 뒤에도 스트라디바리만한 장인이 많이 나왔지만 스트라디바리우스만한 명품을 만들지 못한 이유는 훌륭한 재료가 없었기 때문이다.

혹독한 고난은 나무의 재질도 단련하지만, 사람도 단련한다. 혹독한 시련을 이겨낸 사람은 그만큼 단단하다. 우리는 수많은 외침을 이겨냈다. 몽고의 지배를 받고 일본의 식민지가 되었어도 다시 살아났고, 문화와 언어도 지켜냈다. 우리 민족은 참 많은 단련을 해온 민족이다. 그러나 그것이 헛되지 않았다. 명품 민족이 될 만한 자질의 나이테를 늘

려왔기 때문이다.

한때 부정하기도 했지만, 경험과 연륜이 쌓일수록 느끼는 것이 우리 민족이 우수하다는 것이다. 생물학적 관점에서 단일민족에 대한 논란도 많지만, 어쨌든 한반도에서 태어나 한국어를 쓰고 한국 문화 속에 자란 한국인이 뛰어난 자질을 가졌음을 날이 갈수록 확신하게 된다. 그것 외에는 자원도 없고 국토도 세계 100위 안에 들지 못하고 인구도 1억이 안 되는 작은 나라가 세계사에 이 정도의 족적을 남긴다는 것을 설명할 수가 없다.

타의 추종을 불허하는 한국인의 학습력

필자가 연수 생활을 했던 미국 듀크대학교의 한 교수는 이렇게 말했다.

"조교나 연구원으로 한국 유학생을 쓰라고 하면 처음에는 대부분의 미국인 교수들이 싫어합니다. 가장 큰 이유는 언어소통이 쉽지 않다는 겁니다. 그러나 한국 학생들은 시간이 지날수록 진가를 발휘합니다. 기본적으로 성실한데다 능력이 뛰어납니다. 나중에 그걸 알게 된 교수들은 한국 학생들을 먼저 뽑으려고 합니다."

한국의 강점을 교육에 대한 한국인의 열정에서 찾는 경우가 많다. 그러나 열정만 있다고 발전이 기약되는 것은 아니다. 뛰어난 학습능력과 실행력이 함께 있어야 한다. 위대한 경영학자로 추앙받는 피터 드러커는 저서에서 이런 말을 한 적이 있다.

"교육에 대한 투자에서 그렇게 풍성한 수확을 거두고 성공한 나라는 한국밖에 없었다. 한국은 지식이 현대 경제와 사회의 제일 중요한 핵심 자원이라는 나의 명제를 가장 잘 확인시켜 준 사례로 볼 수 있다."

교육이 풍성한 성과를 거둔 것은 어떻게 보면 한국인이었기 때문에 가능했다고 해석할 수 있다.

같은 일을 하더라도 한국인의 성취도는 훨씬 우수하다. 타고난 근면성과 명석한 두뇌 덕분이다. 수년 전 영국의 지능전문가인 리처드 린 교수는 세계 185개국 국민의 지능을 조사해 발표한 적이 있다. 그 결과를 보면 세계 1위의 IQ를 가진 나라가 바로 한국인이었다. "한국인이 머리가 좋다"는 막연한 인식이 실증적 분석을 통해 확인된 것이다. 린 교수는 좋은 머리를 가진 국민들이 경제 성장을 앞당긴다는 해석을 하기도 했다.

어떤 일을 하든 한국인의 습득 속도는 타의 추종을 불허한다. 다양한 인종들이 경합하는 미국에서 자동차 정비업을 하는 한 교포는 다른 인종들이 4~5년 걸려 얻은 숙련도를 우리 동포들은 1년이면 몸에 익힌다고 말했다.

"기본적으로 한국인은 성실합니다. 게다가 머리도 평균 이상이지요. 그 두 가지를 합쳐서 미국에서 몇 년만 고생하면, 큰 부자는 아니더라도 넉넉하게 살지 못하면 이상한 일일 겁니다."

인종의 용광로로 불리는 미국에서 한국인 가구의 평균 연간소득이 6만 달러로 미국 평균보다 30퍼센트 가까이 높은 것도 바로 그런 배경에서 이해할 수 있다. 역경으로 다듬고 경쟁으로 검증된 한국인의 자질을, 이제 훨씬 좋은 여건에서 마음껏 펼칠 기회를 맞았다.

02

두 이념이 가져온 한민족의 두 얼굴

리비아의 기적을 일궈내다

훌륭한 자질도 좋은 이념적 토양이 없으면 좋은 재목으로 자랄 수 없다. 상이한 이념적 토양 속에 자란 한민족이 궁극적으로 얼마나 다른 모습을 갖게 되었는지 확인할 수 있는 좋은 사례가 있다.

지난 1996년 9월 리비아 대수로 2차 통수식 현장에 당시 동아건설 최원석 회장과 함께 방문한 적이 있었다. 통수식이란 모래 밑에 매설한 콘크리트 관 속으로 물을 처음 통과시키는 행사를 말한다.

말로만 듣던 대수로 현장은 불모의 사막 그 자체였다. 아무짝에도 쓸모없는 죽음의 땅에 생명을 불어넣는 것이 대수로 공사였다. 사하라 사막 지하 500미터에서 나일강의 200년 유수량에 맞먹는 35조 톤의 지하수를 끌어올려 리비아 전 국토의 90퍼센트인 사막지역을 옥토로 바꾸는 대역사였다.

단일공사로는 세계 최대 공사로 불리며 "세계 8대 불가사의"라는 찬사를 받기도 했던 대수로 공사는 그곳에서 이뤄지고 있었고, 바로 한국인의 머리와 노동에 의해 진행되고 있었다.

카운트다운이 시작되고, 얼마 뒤 사람 키의 몇 배나 되는 콘크리트 관 속에서 물 흐르는 소리가 들렸다. 이윽고 지하 500미터에서 뽑아 올린 물이 폭포수처럼 쏟아져 나왔다. 금세 커다란 모래 웅덩이가 물로 채워졌고, 국가원수 카다피가 만면에 웃음꽃을 피웠다. 사막에 울려 퍼진 리비아 국민의 환호는 그 자리에 참석한 한국인의 마음도 뜨겁게 달구었다.

행사가 끝난 뒤 최 회장을 비롯한 동아건설 직원들, 현장 근로자 등과 함께 식사를 했다. 그때 나온 이야기는 두고두고 한민족의 특성을 이야기할 때 떠올랐다.

대수로 현장에는 아랍계, 동남아계, 아시아계, 유럽계 등 다양한 민족과 인종들이 근로자로 일하고 있었다. 그런데 일을 맡겨보면 인종별로 능력과 태도 면에서 많은 차이를 보인다는 것이다.

그중 업무 숙지 능력이 가장 뛰어난 민족이 조선족을 포함한 한국인이고, 그 다음이 베트남인이란 설명이었다. 현장 간부가 말했다.

"미국이 전쟁을 해서 못 이긴 나라가 북한과 베트남 아닙니까. 여기서 일을 시켜보면 왜 미국이 이 두 나라에 패배했는지를 여실히 알 수 있습니다."

능력을 긍정적으로 활용하면 불가능을 가능으로 만들어내는 민족성이 바로 한민족의 특성이다. 그것은 전쟁의 폐허 속에 한강의 기적을 일구고, 국가 부도의 위기를 넘어서 세계 10위권의 강국을 만들어낸 원천이다.

그러나 거기에는 전제 조건이 있다. 기본적으로 강하고 우수한 근성을 가졌지만, 한국인의 근성이 합당한 이념과 결합했을 때 제 능력을 발휘했다는 것이다. 만약 한국이 공산주의를 받아들였다면 어떻게 되었을까.

해방 직후 우리가 주체적으로 이념을 선택할 여지는 전혀 없었지만, 자의든 타의든 남한의 자본주의 수용이 지금의 한국을 만들었다는 주장에는 이론의 여지가 없다. 그것은 공산주의 이념을 수용한 북한을 통해 반증되기 때문이다. 요즘 "한국인의 지나친 평등의식 때문에 오히려 사회주의가 어울린다"는 비판까지 나오고 있지만, 시장경제의 수용은 우리에게는 축복이었다.

그리고 시장경제를 맛본 조선족이 리비아에서 강한 근성을 발휘하고 있는 것도 어떻게 보면 일한 만큼 벌고, 능력에 따라 인센티브를 받는 자본주의 이념에 익숙하기 때문이다.

북한 노동자와 조선족 · 고려인의 차이

동토의 땅, 우리 민족에게는 강제이주의 눈물이 서린 곳 사할린은 지금 대규모 유전개발로 엄청난 국제자본과 사람이 몰리고 있다. 영원한 겨울에서 깨어나고 있는 것이다.

현지에서 대규모 부동산 개발 사업에 뛰어든 한 한국인 사업가가 겪은 사례는 환경이 얼마나 인간의 능력에 한계를 씌우는가를 여실히 보여준다. 사할린에는 도시경제의 급성장에 비해 노동력 공급이 부족하다. 그래서 한국인 사업가는 빌딩을 지으면서 북한 노동력을 대거 수입했다.

한민족의 우수성에 대한 자긍심이 있던 터라 어떤 인종보다도 야무지게 일을 할 거라는 판단에서였다. 그러나 북한 노동자들은 도대체 일에 대한 열의가 없고 끊임없이 불평불만을 제기했다. 타당한 지시를 해도 할 수 없는 이유만 나열했다. 일을 제때 해내면 성과급을 주겠다는 유인책을 내놓았지만, 아랑곳하지 않았다. 그들의 삶을 오랫동안 장악한 사회주의 이념이 능력 발휘를 막은 것이다.

시간은 급한데 일은 진척되지 않았다. 한국인 사업가는 결단을 내렸다. 북한 노동자들을 모조리 돌려보낸 것이다. 계약금을 떼인 셈이었지만 아쉽지 않았다. 그러고는 시장경제를 이미 맛본 중국인과 조선족 노동자를 다시 고용했다. 그들은 맡은 일을 훌륭히 해냈고, 빌딩은 제시간에 완공되었다.

리비아 현장에서는 조선족이 최고의 업무 능력을 보인 데 비해, 사할린의 북한 노동자가 최악의 근로자가 된 것은 바로 체제와 이념의 무서움을 보여주는 것이다.

앞서 예로 든 리비아 대수로 현장의 동아건설 간부는 이런 말을 했다. 가장 능력이 탁월한, 조선족을 포함한 한국인과 베트남인이 부정적인 방향으로 일을 할 때는 최악의 골칫거리가 된다는 것이다. 그들은 속칭 '잔머리'를 가장 잘 굴리고 지능적인 태업을 하기 때문에 다루기가 여간 어려운 게 아니란 얘기다.

우리 민족이 우수하다지만 잘못된 정서나 이념에 묶여 있다면 그 우수성이 제대로 발현될 수가 없다. 평준화의 논리, 균등화에 대한 집착, 인센티브의 부재는 한민족의 우수성을 완전히 희석시킬 것이다. 건전한 경쟁이 활성화되어야 한다. 동시에 경쟁의 결과에 승복하며 상대의 인센티브를 인정하는 자세가 필요하다. 그래야 내게도 경쟁에서 이길 수 있는 기회가 생긴다.

건강한 이념 경쟁이 가능한 나라

어느 사회든 한 가지 이념이 지배하는 곳은 없다. 유럽의 많은 국가들이 사회주의 이념을 채택하고 있다지만, 그것은 실상 자본주의의 노대 위에 구축한 개량형 자본주의에 불과하다. 그런 의미에서 중국의 공산주의도 무늬만 공산주의일 뿐이다.

지배적인 정치 이념이 있더라도, 그것을 보완할 보조적 의미의 이념은 사회 속에서 경쟁하며, 그 결과에 대한 평가를 통해 끊임없이 탈착을 반복한다. 그런데 우리 사회는 언제부턴가 건강한 이념적 경쟁이 사라졌다. 이념적으로 한쪽이 득세하면 다른 한쪽은 침묵한다. 진보 논리가 득세하면 그 목소리가 하늘을 찌르고, 보수의 목소리는 땅속으로 기어든다. 그 반대의 상황도 마찬가지다.

한쪽이 득세한 상황에서 반대편이 목소리를 낸다는 것은 엄청난 모험이다. 온갖 비난과 모략과 손실을 감수해야 한다. 논리적인 토론도 불가능하다. 부동산 문제에 대해 각을 세우면 "당신 강남에 살지?"라며 말문을 닫게 만든다. 교육 개혁을 이야기하면 "자식들 유학 보냈나?"고 빈정거린다.

이러다 보니 건강한 이념 경쟁은 원천적으로 불가능하다. 오직 한쪽의 고함에 다른 쪽은 침묵만 지키며 속으로 불만을 키워간다. 비겁한 침묵자들은 누군가 희생을 무릅쓰고 제 목소리를 내주기만을 바랄 뿐이다.

이런 구도는 사회의 비효율성을 증대시킨다. 모든 분야에서 이념적 과잉이 정책적 과잉을 부르고, 정책적 과잉은 특정 분야의 과잉 투자를 불러오는 것이다. 비효율성이 극에 달해 문제가 표면으로 불거지기 시작하면, 그때서야 숨어 있던 목소리들이 "거 봐라, 내가 뭐랬냐?"며 조금씩 모습을 드러낸다. 그러나 그때는 이미 많은 곳에서 상처를 입은 상태다.

건강한 이념 경쟁은 상호 견제를 통해 사회의 효율을 높인다. 그러나 견제가 가능하기 위해서는 무절제한 집단의식이 아니라, 정제된 이념으로 서로가 무장해야 한다. 거기에는 준비가 필요하다. 조직과 돈, 그리고 자발적이며 적극적인 참여자가 요구된다.

우리는 비판은 하면서도 비판의 전면에 나서긴 싫어하고, 심정적인 지원은 하면서도 금전적인 후원은 꺼리는 경향이 강하다. 그런 상황에서는 건강한 이념적 경쟁이 불가능하다.

미국에는 각기 다른 이념을 좇고 그 이념을 실현하기 위해 갖가지 방안을 창출하는 수많은 싱크탱크가 존재한다. 보수주의를 표방하고 후원하는 미국기업연구소와 헤리티지 재단이 있고, 중도 성향에는 브루킹스연구소, 진보주의는 진보정책연구소에서 이념적 아이디어를 제공한다.

그런데 이런 연구소의 운영비는 절반 이상을 후원자들의 기부금으로 충당한다. 후원자들은 자신들의 이념적 요구를 산만한 구호가 아니라 '조직'을 통해 정리된 모습으로 표출한다. 그리고 좋은 이념적 콘텐츠를 만들어내기 위해 이들 단체에 기꺼이 기부하고 후원한다. 이런 모습은 이념 경쟁을 양지로 끌어내고, 사회에 적당한 긴장감을 조성하며, 한쪽으로의 과잉을 막아준다.

좋은 정책은 이와 같은 치열한 이념 경쟁을 거쳐서 나온다. 구호만으로 무장한 채 시위와 농성과 폭력으로 이념을 관철하려는 것은 후진적 행태다. '목소리 큰 놈이 장땡'이 되어서는 안 된다. 정제되고 조직화된 경쟁을 통해 건강한 이념을 창출해 내는 것이 우리가 선진 한국을 일구어내기 위한 또 하나의 전제 조건이다.

03

베푸는 문화 속에 숨어 있는 공생의 이념

양극화 해소는 공생 문화로 해결한다

시장경제에서 경쟁에 따른 능력의 차이는 필연적으로 양극화를 유발한다. 우리 사회의 양극화가 그렇게 심각하지 않다고 하더라도 점점 더 심화될 것이란 전망은 타당하다.

양극화 해소를 위해 유럽 국가들은 고소득자층에게 소득의 최대 60퍼센트에 달하는 세금을 걷어 저소득층과 소외계층을 배려했지만, 그 결과는 점차 참담한 방향으로 치닫고 있다. 재정은 고갈되고 고소득자는 국외 탈출을 꿈꾸며, 저소득층은 스스로 개선의 노력을 하지 않게 된 것이다. 결국 국가의 역동성이 사라지고 있다. 그렇다고 세계 제1의 부국이지만 거지와 파산자가 넘쳐나는 미국을 모델로 삼기에는 마땅치 않다.

많은 국가에서 다양한 이념적 토대 위에 양극화 해소를 위한 제도적 방안을 마련하고 있지만 어느 것 하나 완벽한 것은 없다. 제도로 극복하지 못하는 부분이라면, 공생의 문화 창달이 양극화 해소의 핵심이 될 수 있다.

기부와 봉사를 생활화한다

슈바이처 효과란 게 있다. 미국 하버드대학교에서 발견한 연구 결과로, 남을 위해 봉사하거나 선한 일을 보기만 해도 인체의 면역 기능이 크게 향상되는 것을 말한다.

하버드 의대 연구팀은 실험대상 학생들에게 인류를 위해 봉사한 인물들의 일대기를 그린 영화를 보여주었다. 그랬더니 면역 기능의 활성도를 보여주는 수치가 크게 높아졌다는 것이다. 남이 선행을 하는 모습만 봐도 지신의 몸에 이로운 반응이 나타난 것이다.

이와 함께 다른 연구들은 직접 남을 도울 때 심신에 활력이 더해짐을 보여주기도 한다. 의학적 연구들은 이른바 헬퍼스 하이Helper's High라는 특별한 상태를 발견했다. 남을 도운 뒤에는 '하이'로 불리는 심리적 포만 상태가 오랫동안 계속되어 혈압과 콜레스테롤 수치를 낮추고 엔돌핀의 분비를 네 배 이상 늘린다는 것이다. 이것저것 돈으로 누릴 수 있는 기쁨을 다 맛본 서양의 거부들이 거액의 기부를 통해 사회로부터 찬사를 듣고 궁극적인 기쁨을 얻는 것도 그런 배경에서 보면 이해가 된다.

양극화가 우리보다 훨씬 심한 미국을 보면, 이런 기부 문화에 큰 사회적 의미를 부여하면서 양극화의 간극을 메우려는 노력이 엿보인다.

미국인의 연간 자선 기부금액은 우리 돈 27조 원에 달한다. 미국 인구를 3억 명으로 볼 때 1인당 90만 원의 돈을 기부한 셈이다. 우리는 이런 기부금이 대부분 부자들이 낸 것으로 생각하지만, 실상 워렌 버핏 같은 거액 기부자의 기금 비중은 1퍼센트 안팎에 불과하다. 연봉 10만 달러 미만의 중산층 이하가 낸 기부금이 전체 개인 기부금의 70퍼센트 정도를 차지한다. 전 미국인에게 기부는 생활의 일부분인 셈이다.

GDP의 규모와 비교해도 미국의 자선기금은 다른 선진국들보다 훨씬 높다. 미국의 자선기금 총액은 GDP의 1.7퍼센트에 달한다. 다른 유럽 선진국들의 GDP 대비 자선기금 비율이 0.1퍼센트에서 0.7퍼센트에 불과한 것과 비교하면 월등히 높은 수치다. 미국은 복지정책에서 유럽보다 훨씬 뒤처진 것으로 알려졌지만, 이런 막대한 기부금이 소외계층을 위해 쓰이면서 양극화를 치유하고 있는 것이다.

이런 금전적 기부뿐만 아니라 생활용품의 기부도 어느 곳보다 활성화되어 있다. 미국에는 어느 주를 가더라도 도네이션센터 donation center 란 게 있다. 옷이나 가구, 운동기구, 가전제품, 책 등 어떤 것이든 자신들에게는 필요 없지만 아직 쓸 만한 물건이 있으면 여기다 갖다준다.

부유층이 내놓은 물건 중에 새것이나 다름없는 명품들도 많이 끼여 있다. 필자도 미국 연수 시절 도네이션센터에서 가구와 가전제품 등을 싼값에 구입해 생활비를 크게 절약한 경험이 있다. 도네이션센터에 기부된 이런 물품들은 거의 공짜에 가까운 가격으로 저소득층에게 되팔리며, 그 수익금은 다시 공립학교 재정을 지원하거나 불우 이웃을 돕는데 쓰인다.

미술관이나 박물관 등 문화시설의 입장료도 기부금의 형태로 받는 경우가 많다. 뉴욕에 있는 미국 최대 규모의 메트로폴리탄 미술관에서는 입장료를 기부금으로 받는다. 권장 기부금은 20달러 정도지만 여유가 없는 사람들은 1달러만 내도 무방하다. 고정 입장료가 아닌 기부금의 형태를 취하여 저소득층을 배려하는 셈이다.

양극화가 심한 미국에서 양극화 해소에 드는 사회적 비용을 낮추는 또 하나의 요소가 자원 봉사 문화이다. 미국은 정치나 교육, 문화 등에서 자원 봉사 활동이 매우 활성화되어 있다.

미국에는 수많은 이민자와 외국인 노동자들을 위해 영어 학원들이 지역마다 많이 설립되어 있다. 그런데 이 학원들 중 상당수가 무료로 운영된다. 자원 봉사자들이 있기 때문이다. 가정주부나 대학생 능 다양한 인적 구성원들이 여유 있는 시간에 영어교사로 자원 봉사를 한다. 그들 덕분에 가난한 이민자들과 노동자들이 무료로 영어 강습을 받는 것이다. 또한 각급 학교나 YMCA 같은 시민단체도 자원 봉사자들 덕분에 적은 비용으로 각종 프로그램을 운영하고, 그 결과 소득이 적은 학부모는 부담을 크게 덜 수 있다.

미국은 양극화 해소의 측면에서 결코 모범 국가가 아니다. 오히려 시장경제의 냉엄한 경쟁 원칙을 가장 원론적으로 적용하는 국가다. 어떻게 보면 빈부 격차로 인해 가장 많은 갈등과 불안정을 가질 수 있는 미국이, 그런대로 안정 속에 유지되는 바탕에는 바로 막대한 기부와 생활화된 봉사 문화가 깔려 있다고 볼 수 있다. 그것이 양극화의 완충재 역할을 하고 있는 셈이다.

미국식 복지정책을 따를 것이냐 아니면 유럽식 복지정책을 따를 것이냐는 쉽게 선택할 수 있는 문제가 아니다. 왜냐하면 미국이나 유럽도 끊임없이 실패와 성공을 반복하면서 변화하고 있기 때문이다. 고민하지 않고 쉽게 말한다면 절충이 해법일 것이다. 그러나 여기서 우리의 특장점을 살릴 수 있는 중요한 부분이 한 가지 있다.

단합의 힘으로 '베푸는 문화' 만들기

태안반도의 생명력을 순식간에 앗아간 기름유출 사고 이레째. 시커멓게 변했던 만리포 해수욕장이 예전의 모습을 기적처럼 되찾았다. 어느 언론은 이를 두고 "기름띠의 밀물에 맞선 인간띠의 승리"로 표현했다. 끝없는 기름띠의 공격을 자원 봉사의 힘으로 물리친 것이다.

'태안의 기적'을 낳은 자원 봉사의 힘은 많은 것을 시사한다. 한 달 새 연인원 60만 명이 참여한 자원 봉사의 힘은 위기 때 뭉치는 한국인의 특성을 보여주는 동시에, 뛰어난 개인적 자질을 집단적 시너지로 이어갈 수 있는 가능성까지 알려주는 것이다.

만약 인부를 동원해서 작업했다면 얼마나 많은 비용이 들었을까. 차가운 겨울바다의 험한 작업에 연인원 60만 명 동원도 불가능했겠지만, 일당 5만 원의 최소비용을 적용하더라도 최소한 300억 원은 필요했을 것이다. 그 돈은 오염 피해로 살길이 막막해진 어민들의 부담이 되었거나, 정부가 재정으로 투입해야 했을 것이다. 또 이런 자원 봉사 물결은 한민족의 자존심을 고양하고 강한 저력을 확인시켰다. 그것은 돈으로 환산할 수 없는 엄청난 무형의 가치다.

미래에는 바로 이런 봉사나 기부 같은 베풂의 문화가 중요한 국가 경쟁력이 될 수 있다. 자본주의의 필연적 부산물인 양극화 해소에 드는 사회적 비용을 크게 낮출 수 있기 때문이다.

양극화 해소에는 너무나 많은 비용이 든다. 우리가 한때 양극화 해소의 이상적인 모델로 생각했던 유럽식 복지정책은 과도한 비용 부담으로 재정적자를 급속히 늘리는 동시에 국민들의 근로 의욕을 떨어뜨리면서 추락하고 있다.

시장경제 아래서 양극화는 피할 수 없는 장애물이고, 양극화 해소를 위한 복지정책은 필연적으로 재정 고갈을 초래하고 있는 것이 현실이다. 시장경제를 이념으로 채택한 우리에게도 양극화는 가장 심각한 위기로 다가오고 있다.

우리는 위기에 관한 한 세계 최강의 민족이다. 이번 태안의 기적뿐만 아니라 IMF 국가부도를 이겨낸 힘도, 위기 때 발현된 우리 민족 특유의 단합의 힘 덕분이었다. 이런 단합의 힘을 이제 양극화라는 위기 상황을 극복하는 데 써야 한다. 단합의 거대한 힘이 '베풂의 문화' 창달로 이어진다면 양극화의 부담을 크게 덜 수 있을 것이다.

그리고 '베풂의 문화' 조성에는 요란한 구호보다 적절한 제도적 유인책이 따라야 한다. 예를 들어 기부 문화 창달을 위해 개인이나 기업의 기부행위에 대한 파격적인 세제 혜택 등이 필요하다. 또한 봉사 활동에 대해서도 학교나 직장 등에서 평가에 가산점을 주고 출석이나 출근처리를 해주는 등의 지원도 필요한 것이다.

단합의 힘이 만들어내는 베풂의 문화는 새삼스런 것이 아니다. 그것은 우리 문화 속에 오랜 시간 동안 녹아 있던 '품앗이 정신'이다. 이제 그것을 되살려 베풂의 이념을 생활 속에 실천한다면, 적은 비용으로 양극화를 해소하는 모범적 사례 국가로 세계사에 이름을 남길 수 있을 것이다.

공정하게 경쟁하고 보상받는 나라를 물려주자

우리나라에서는 아이들에게 가장 존경하는 사람이 누구인지를 물어
보면 십중팔구 "부모님"이라고 대답한다. 부모 된 입장에서는 가슴 뿌
듯한 일이 될 수도 있겠지만, 동시에 불비不備한 자신을 존경하는 아이
들에 대한 미안함과 존경할 대상이 없는 대한민국의 모습에 자괴감을
느낄 때가 많다.

억지 우상숭배가 아니라 마음에서 존경할 사람이 많은 사회는 틀림
없이 정신과 물질 양 측면에서 풍요한 사회다. 선진국을 가보면 길거리
와 공원에 다양한 부문에서 영웅이 된 이들의 동상이 많이 놓여 있다.
젊은이들은 그 동상을 보면서 영웅을 꿈꾼다. 그런 동기부여는 사회에
역동성을 부여하고 발전의 원동력으로 작용한다.

영웅이 존재하기 위해서는 건전한 경쟁을 북돋우고, 경쟁의 결과에

승복하는 풍토가 전제되어야 한다. 우리에게는 아직 이런 문화가 부족하다. 우리의 특성 중 평등의식, 나아가 균등의식에 관한 집착이 너무 강하다. 그것은 경쟁에 따른 결과를 두려워하게 만든다. 경쟁은 차등을 낳기 때문이다. 사회주의가 이성적 차원에서 훨씬 더 발전된 이념임에도 불구하고 역사의 무대에서 자본주의에게 지고 말았듯이 현실 속에서 경쟁은 성장을 위한 불가피한 선택이다. 적자생존의 자연법칙이나, 아니면 도전과 응전으로 요약되는 토인비의 역사관 속에서 우리는 경쟁의 냉엄한 실체를 느끼지 않을 수 없다.

건전한 경쟁과 그에 따른 결과의 차등을 인정해야 동기부여가 된다. 치열한 경쟁에서 이겼는데도 보상이 없다면 열심히 노력해야 할 이유가 없다. 그리고 치열한 노력이 없다면 국토와 인구 면에서 보잘것없는

한국이 세계 속의 강국으로 도약할 수도 없다.

경쟁의 결과를 인정하는 풍토와 함께 승자의 아량도 우리에게는 필요하다. 노블레스 오블리주라고 불리는 엘리트 의식도 함께 길러야 한다. 돈과 권력과 명예를 가진 사람들은 그들의 가장 큰 존재 가치를 사회에 베푸는 데서 찾아야 한다. 패자는 승자를 인정하고 승자는 패자를 보듬을 때 가장 조화로운 나라가 만들어질 수 있다는 이야기다.

이것은 이상이 아니다. 우리가 부러워하는 선진국의 현실적 모습이 그렇다. 경쟁에서 승리한 빌 게이츠와 카네기를 모두가 인정하고, 인정받은 빌 게이츠와 카네기가 기부와 자선을 통해 존경받는 역할 모델이 되면서, 젊은이들이 영웅의 꿈을 키워가는 선순환의 고리를 만드는 것이 우리가 지향해야 할 선진 한국의 모습이다.